Für Gabriele,
die Anouk und Nikolas
immer richtig gelesen hat

Dr. rer. nat Joachim Bensel

Was sagt mir mein Baby, wenn es schreit?

Wie Sie Ihr Kind auch ohne Worte verstehen und beruhigen können

OBERSTEBRINK
ELTERN-BIBLIOTHEK

1. Auflage 2003

Fotos:	IFA, Privat
Gestaltung:	Oberstebrink
Redaktion:	Oberstebrink
Satz und Herstellung:	MOHN Media · Mohndruck GmbH
	Printed in Germany
Verlag:	Oberstebrink Verlag GmbH
	Bahnstr. 44 · 40878 Ratingen
	Tel. 02102/771 770-0 · Fax 02102/771 770-21
	verlag@oberstebrink.de
	www.oberstebrink.de

ISBN: 3-934333-07-9

Ihr Leitfaden für dieses Buch

Kapitel 1

- Ob Ihr Baby ein Schreibaby ist oder nicht –
  in diesem Kapitel finden Sie alles,
  was Sie über das Schreien im Baby-Alter wissen sollten

Kapitel 2

- Ob Ihr Baby ein Schreibaby ist oder nicht –
  in diesem Kapitel erfahren Sie,
  wie Sie mit Ihrem Baby ins Gespräch kommen,
  obwohl es noch nicht sprechen kann

Kapitel 3

- Wenn Sie ein Baby erwarten –
  in diesem Kapitel erfahren Sie,
  was Sie schon vor dem ersten Schrei alles gegen das Schreien tun können

Kapitel 4

- Wenn Ihr Baby ein Schreibaby ist –
  in diesem Kapitel erfahren Sie,
  wie Sie und Ihr Kind am besten damit fertig werden

Kapitel 5

- Wenn Sie vermuten, dass Ihr Kind ein Schreibaby ist –
  in diesem Kapitel sagt Ihnen der Kinderarzt,
  was Sie tun können und wie er Ihnen helfen kann

Kapitel 6

- Wenn Sie Hilfe brauchen –
  in diesem Kapitel finden Sie, wer Ihnen helfen kann:
  Spezialisten in Ihrer Nähe.

Liebe Eltern

Wenn ein Baby schreit, ist es für die Eltern meist schwierig, damit umzugehen. Denn sie sind verunsichert – vor allem, wenn es ihr erstes Kind ist. Deshalb sollten Sie wissen: Baby-Schreien ist nicht gleich Baby-Schreien. Drei Dinge müssen klar sein, um das Baby-Schreien richtig einordnen zu können:

- Schreien ist völlig normal für ein Baby
- Schreien ist keine Krankheit, sondern einer der Wege, auf denen Babys mit Erwachsenen „reden"
- Schreien hat immer eine Botschaft, die es zu deuten gilt

Ihre Aufgabe als Erwachsener liegt darin, die Schrei-Botschaft zu entschlüsseln und Ihrem Baby, wenn es sehr viel schreit, zu helfen, nicht nur auf diesem Weg mit Ihnen zu kommunizieren. Wenn Sie verstehen, warum es in den ersten Monaten unruhig ist und schreit, werden Sie es besser beruhigen können, weil Sie die hinter dem Schreien steckenden Bedürfnisse erkennen und befriedigen können. Dabei spüren Sie auch das Gefühl elterlicher Kompetenz, das so wichtig ist, um gelassen und freudig mit Ihrem Kind zu agieren.
Verstehen Sie das Schreien als Kommunikations-Mittel Ihres Babys. Und erkennen Sie: Es gibt noch andere Möglichkeiten zur „Unterhaltung" zwischen Eltern und Baby.
Dieses Buch zeigt Ihnen, wie viel angeborenes Potenzial zur frühen Kommunikation in Ihrem Baby, aber auch in Ihnen als Mutter oder Vater steckt – auch ohne Schreien. Wenn Sie das nötige Vertrauen in sich finden, wissen Sie intuitiv, wie Sie mit Ihrem Kind richtig umgehen müssen. Ihr Baby lockt das Beste aus Ihnen heraus.
Dieses Buch ist für alle Eltern geschrieben, die mehr über die erste Sprache ihres Babys wissen wollen. Und für Eltern mit ruhigeren Babys, die wissen wollen, was das Schreien bedeutet und wie sich das Schreien in den ersten Monaten entwickelt. Aber auch für Eltern mit unruhigeren, vielleicht sogar exzessiv schreienden Babys, die sich fragen, wie es dazu gekommen ist und was man dagegen tun kann.

Im Rahmen der „Freiburger Säuglingsstudie“ hat unsere Forschungsgruppe mehrere Jahre lang in über 100 Familien die frühkindliche Entwicklung mit besonderer Aufmerksamkeit auf das „Schreien“ untersucht. Monatelange Tagebuchprotokolle über das Verhalten der Babys und intensive Elterngespräche haben unser Wissen über das Schreien in allen Intensitätsstufen und über den elterlichen Umgang damit tief gehend erweitert. Dieses Wissen möchte ich gern an Sie weitergeben.
Ich wünsche Ihnen, dass Sie mit Ihrem Baby gut ins Gespräch kommen.

Ihr Joachim Bensel

1

Das ganz normale Schreien

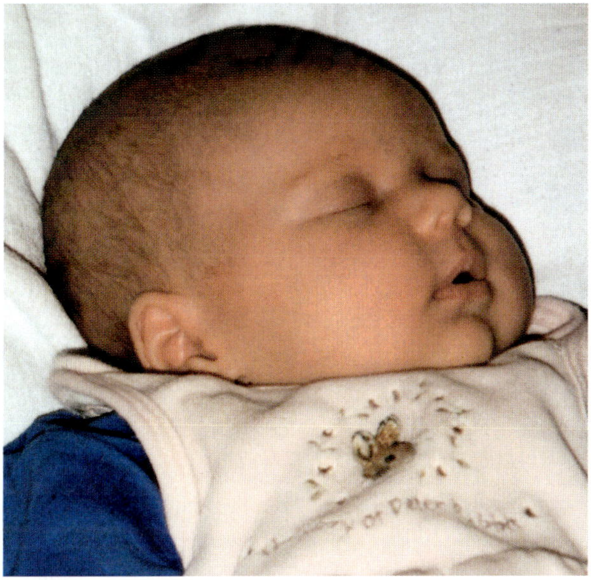

In diesem Kapitel erfahren Sie, ...

- welche Schrei-Ursachen und Schrei-Arten es gibt
- mit welchen Lautsignalen
  Babys sich auch ohne Schreien Gehör verschaffen
- welche Entwicklungs-Aufgaben ein Baby
  in den ersten Monaten zu bewältigen hat
- dass die meisten Babys bevorzugte Unruhe-Zeiten haben
- dass „Stillen oder Nicht-Stillen“
  nichts mit „Schreien oder Nicht-Schreien“ zu tun hat
- dass Babys nicht nur schreien, wenn sie Hunger haben
- wie Sie Ihr Baby beruhigen können,
  auch ohne es bei jedem Schrei zu füttern

Was soll das Geschrei?

Wenn Erwachsene schreien, ist die Ursachen-Analyse meist einfach. Wenn man den Grund des Schreiens nicht selbst mitbekommen hat, kann man immer noch nachfragen.

Säuglinge können leider auf die Frage *„Warum schreist Du denn?“* nicht antworten – und selbst wenn sie es könnten, wäre die Antwort nicht immer zufriedenstellend. Selbst Kindergarten-Kinder können noch nicht immer darüber Auskunft geben, warum sie sich eigentlich aufregen, und wundern sich manchmal selbst im Nachhinein über ihr Verhalten.

Eltern sind dann auf ihren Instinkt, die genaue Kenntnis ihres Kindes und der vorangegangenen Tagesereignisse angewiesen, um die Quelle des Übels aufzuspüren. Vielleicht war der Kinderbesuch zu lange im Haus und hat das Gastgeberkind überfordert, vielleicht war die letzte Nacht zu kurz und der Tag bereits zu lang. Nicht immer wird man die Ursache entschlüsseln können. Und gelingt die Beruhigung des erregten Kindes in kurzer Zeit, wird die pragmatische Beseitigung des Schreiens die Ursachen-Analyse sehr leicht in den Hintergrund drängen.

Das Schreien eines Säuglings hat jedoch gewisse Eigenheiten, die es im Vergleich zum Schreien eines Kindes oder Erwachsenen zu etwas ganz Besonderem macht. Das Babyschreien ist intensiver, schriller und fordernder. Die Lautstärke beträgt etwa 82 dB – ein Presslufthammer ist kaum lauter. Man wird selbst unruhig und die Gedanken fixieren sich auf einen Punkt: *„Was kann ich tun, um das Schreien zu beenden?“*.

➤ *Weil Säuglinge noch hilf- und sprachlos sind, bleibt ihnen zum Äußern ihrer Bedürfnisse nur das Schreien.*

Das ist durchaus kein Zufall. Gerade weil Säuglinge so hilf- und sprachlos sind, bleiben ihnen zum Äußern ihrer Bedürfnisse nur nonverbale Laute: das Quengeln – und im Extremfall das Schreien. Das ist bei vielen Jungtieren von Säugetieren dasselbe, vor allem bei den Menschenaffen. Fühlen sie sich bedroht oder allein gelassen, setzt die biologische Alarm-Sirene ein. Frühes Schreien ist also ein stammesgeschichtlich altes, gut funktionierendes Signal, das die ganze Sozialgruppe in Alarmbereitschaft versetzt und vor allem die näheren Bezugspersonen dazu drängt, das Bedürfnis des Schreienden zu erkennen und Abhilfe zu schaffen.

„Herr Doktor, warum schreit mein Kind?“ fragen viele besorgte Eltern ihren Kinderarzt. Vor allem, wenn es sich bei der U3 (4.-6. Lebenswoche), vielleicht sogar schon bei der U2 (3.-10. Lebenstag), andeutet, dass ihr Säugling ein Schreibaby werden könnte oder bereits ist. Eine schnelle Antwort des Kinderarztes auf diese Frage können wir nicht erwarten. Erst nach gründlicher Untersuchung des Babys und ausführlichem Gespräch zwischen Kinderarzt und Eltern können die Ursachen herausgefunden werden.

Schreien sagt etwas darüber aus, wie *stark* ein Kind erregt ist – aber nicht, *warum.*

Die Ursachen des Schreiens lassen sich nicht am Klang erkennen. Es gibt leider kein *„Spiel-mit-mir“*-Schreien, kein *„Lass-mich-nicht-allein“*-Quengeln und auch kein *„Ich-kann-nicht-einschlafen“*-Weinen. Wenn Ihr Kind sehr stark schreit, heißt das zum Beispiel noch lange nicht, dass es Schmerzen hat.

Um die aktuelle Ursache zu finden und zu beseitigen, probieren Eltern mehr oder weniger systematisch durch, was es sein könnte: Hunger, Bauchschmerzen, Müdigkeit, Langeweile, Einsamkeit. Diese Suche kann gerade für frischgebackene Eltern sehr aufwändig und bei Erfolglosigkeit sehr frustrierend sein. Ich möchte Ihnen die möglichen und die wahrscheinlichen Gründe für das alltägliche Schreien nennen und Ihnen zeigen, woran Sie erkennen können, welche Schreiursachen überhaupt in Frage kommen. Die passenden Beruhigungs-Maßnahmen liegen bei Erkennung der richtigen Ursache dann meist auf der Hand.

Schrei-Ursachen und Schrei-Arten
Die Kinderheilkunde hat eine erste Unterteilung des Schreiens vorgenommen, die berücksichtigt, ob …

- normale Ursachen wie plötzlicher Hunger oder Durst zu Grunde liegen (primär physiologisches Schreien)
- ein medizinischer Befund ursächlich ist – entweder direkt in Form einer Erkrankung des Zentralnervensystems bzw. eines Erbschadens (primär pathologisches Schreien) oder aber als Begleiterscheinung einer vorübergehenden Erkrankung (sekundäres Schreien)
- es Ursachen für übermäßige Unruhe gibt, die weitgehend nicht im organischen Bereich zu finden sind (exzessives Schreien)

Beim so genannten **primär physiologischen Schreien** (physiologisch = im Bereich des „Normalen") finden wir die alltäglichen Widrigkeiten wieder, mit denen jedes Baby zu tun hat und auf die es mit Schreien reagiert, um seine Bedürfnislage oder sein Missfallen kund zu tun – zum Beispiel bei Hunger, Lärm oder Kälte.

Das **primär pathologische Schreien** (pathologisch = krankhaft) fällt allen Eltern sofort auf. Genau diagnostiziert werden muss es dann allerdings vom Arzt. Erfreulicherweise kommt es sehr selten vor und kann bereits direkt nach der Geburt erkannt werden. Beispielsweise das sogenannte „Katzenschrei-Syndrom" aufgrund eines genetischen Erbschadens (betroffen sind zwei von 1.000 Neugeborenen): Es ist mit seinen katzenschreiartigen, hohen, schrillen Lauten so charakteristisch, dass es nach kurzem Hinhören sofort erkannt werden kann. Abnormales Schreien kann im Rahmen der Früherkennung als ein zusätzlicher Hinweis auf ein neurologisches Problem gedeutet werden, kann aber immer nur mit Hilfe zusätzlicher Untersuchungen zu einer genauen Diagnose des kindlichen Problems führen.

Sekundäres Schreien ist die vorübergehende Unruhe und das Weinen beim Säugling wegen einer Krankheit. Diese Babys schreien, weil sie sich wegen der Krankheit unwohl fühlen. Je nach Dauer und Schmerzhaftigkeit der Erkran-

kung können Dauer und Intensität des Schreiens dem des primär exzessiven Schreiens ähneln und damit verwechselt werden. Darum ist es auf jeden Fall bei intensivem häufigen Schreien wichtig, beim Kinderarzt abklären zu lassen, ob ein medizinisch-organischer Befund vorliegt. Ob es sich tatsächlich „nur" um sekundäres Schreien gehandelt hat, wird spätestens dann klar, wenn nach Abklingen der Krankheit auch das Schreien aufhört.
Spätestens nach der medizinischen Diagnose ist klar, warum das Baby schreit, und dass die Unruhe in dieser Intensität in der Regel innerhalb von ein paar Tagen verschwunden sein wird. Weil es eine eindeutige Ursache für das Schreien gibt, verringert sich die elterliche Unsicherheit – und mit vereinten Kräften wird das Kind wieder gesund gepflegt.
Das **primär exzessive Schreien** ist an keine Erkrankung gekoppelt, dauert meist länger als nur ein paar Tage und zeichnet sich durch seine Intensität, Dauer und Unberuhigbarkeit aus. Nach der ursprünglichen und in leichten Varianten meist verwendeten Definition spricht man vom exzessiven Schreien, wenn ein Baby mehr als drei Stunden am Tag, an mehr als drei Tagen in der Woche und während mehr als drei Wochen quengelt oder schreit.
Früher sprach man in diesem Zusammenhang von der so genannten Dreimonats-Kolik. Zwar ist das exzessive Schreien meist beschränkt auf die ersten drei Lebensmonate, aber das Wort „Kolik" deutet auf eine Störung des Verdauungstraktes hin, die mittlerweile als Ursache für das exzessive Schreien in den allermeisten Fällen ausgeschlossen werden kann.
In Kapitel 4 werden Ursachen, Verlauf, Folgen und Hilfen bei exzessivem Schreien ausführlich behandelt.

Ganz normale Gründe für ganz normales Schreien

Babyschreien ist nicht sehr aussagekräftig. Ähnlich ist es mit dem Fieber. Wir wissen: Dem Baby fehlt etwas. Aber wir wissen noch nicht, warum der kleine Patient krank ist. Das gleiche gilt für das Schreien: Etwas stimmt nicht – aber was, ist nicht klar. Schreien kann viele Gründe haben. Es ist vor allem ein kindliches Signal, um Bedürfnisse zu äußern. Viele Eltern erspüren intuitiv, was ihr Kind nun braucht, um sich wieder zu beruhigen. Ihnen fällt das geeignete Beruhigungs-Rezept quasi in den Schoß. Aber das gelingt längst nicht allen Eltern und nicht immer.
Worauf sollte man achten, wenn man nach der richtigen Ursache für Babys Schreien sucht?

Ist es Hunger?

Hunger kündigt sich zuerst mit einem leichten Quengeln an. Das steigert sich allmählich in Lautstärke, Häufigkeit und Intensität, bis es in ein kaum zu ignorierendes schrilles Schreien übergeht. Ihr Baby beginnt außerdem an seinen Fingern oder der ganzen Faust zu saugen oder schmatzt. Sie berücksichtigen bei der Suche nach dem Schreigrund oft auch automatisch den Abstand zur letzten Mahlzeit. Ist das für Ihr Kind typische Stillintervall verstrichen, liegt der Verdacht nahe, dass Ihr Baby wirklich aus Hunger schreit. Sie werden beim Fütterungs-Versuch sofort merken, ob Ihr Angebot das richtige war, ob das Baby kräftig trinkt, ob es nur zögerlich saugt oder Brust oder Flasche sogar ganz ablehnt. In den beiden letzten Fällen war Hunger nicht das Problem. Es kann aber auch sein, dass Ihr Baby kräftig an der Brust nuckelt, auch wenn es bereits satt ist und kaum noch Milch fließt. Das ist das so genannte Beruhigungs-Saugen.

Ist es Müdigkeit?

Auch Müdigkeit kündigt sich zuerst mit einem leichten Quengeln an, weil das Baby Probleme damit hat, in den Schlaf zu finden. Kann es über längere Zeit hinweg nicht einschlafen, steigert sich das Quengeln zum Schreien. Wieder sind es die zusätzlichen Anzeichen, an denen die Eltern das aktuelle Bedürfnis ihres Kindes erkennen können. Auffällig ist das Reiben der Augen oder der Nase. Das Nörgeln wird immer wieder durch Gähnen unterbrochen. Die Körperspannung nimmt ab, die Glieder werden schlaffer und die Händchen entspannen sich.

Eigentlich sind das wiederum alles körpersprachliche Signale, die Sie mit Ihrer elterlichen Intuition automatisch richtig deuten werden, wenn Sie entspannt sind und sich selbst vertrauen.

Für ein Quengeln oder Schreien aus Müdigkeit spricht natürlich auch wieder rein rechnerisch eine längere vorangegangene Wachzeit. Wie viele Stunden das normalerweise bei Ihrem Baby sind, ergibt sich aus seinem Alter und seinem individuellen Schlaf-Wach-Rhythmus. Schon jetzt möchte ich Ihnen empfehlen, ein persönliches Verhaltens-Tagebuch für Ihr Kind zu führen. Sie werden staunen, wie sehr sich das Verhalten und der Rhythmus über die ersten Wochen ändern. Und so können Sie das individuelle Verlaufsmuster Ihres Kindes besser entdecken.

Sind es Schmerzen?

Alarmstufe: Rot! Der Schmerzschrei ist der schrillste, intensivste und lauteste Schrei, den ein Baby ausstößt. Es schreit so lange, bis es keine Luft mehr bekommt, und holt in der kurzen Schreipause zwischen zwei Schreien rasch und tief Atem. Ist es erschöpft, verfällt es in ein klagendes Jammern bis zur nächsten Schreiattacke. Auch Gesicht und Körper sind aufs Äußerste angespannt. Der Kopf wird rot, der Puls rast, und ein älteres Baby kann heftig schwitzen. Die Augenlider sind zusammengepresst, die Lippen verkrampft und die Finger zu Fäusten geballt.

Hat ein Baby Schmerzen, schreit es intensiv. Schreit ein Baby intensiv, hat es dann auch Schmerzen? Leider ist dieser Umkehrschluss nicht immer richtig. Diese ausdrucksstärkste aller möglichen kindlichen Gefühlsregungen wird beispielsweise auch dann gezeigt, wenn das Kind sich allein gelassen fühlt und auf sein anfängliches Quengeln und „normales" Schreien längere Zeit keine elterliche Antwort bekommt, oder wenn es ausgeprägten Hunger hat. Diese extremen Schreie sind also nur das äußerste Ende der kindlichen Erregungs-Skala. Schmerzen können *ein* Grund sein. Bei mehrtägigem Anhalten der Schreiattacken sollten Sie auf jeden Fall zum Kinderarzt gehen, damit er abklären kann, ob organische Ursachen vorliegen.

Ist es Langeweile oder Interaktions-Hunger?

Der Wunsch nach Aufmerksamkeit und neuen Sinnesreizen kann der Grund für Quengeln aus Langeweile sein. Ist Ihr Baby nicht müde oder hungrig und die Schrei-Intensität nicht allzu hoch, sucht es vielleicht Anregung und Unterhaltung. Beim Quengeln aus Langeweile werden die Pausen immer kürzer und verschmelzen schließlich zu einem intensiven Schreien, wenn keine Anregung erfolgt. Sie merken schnell, ob Ihr Kind mit Ihnen kommunizieren will, wenn Sie ihm ein Blick- oder sonstiges Interaktions-Angebot machen.

Sind es Lärm und zu viele Reize?

Einige Eltern berichten davon, dass ihr Baby auffällig empfindlich gegen zu viel Stimulation durch die Umwelt ist. Zu viele Sinnesreize und zu schnelle Wechsel können den Säugling irritieren. Dazu gehört ein ständiger Umgebungs-Wechsel, eine laute und wechselnde Geräuschkulisse, aber auch eine übertriebene Gleichgewichts-Stimulation durch heftiges Wippen, Schaukeln oder Hüpfen. Die Stimulation des Gleichgewichtsinns in Maßen kann beruhigend wirken – übertrieben oder nicht abgestimmt auf die aktuelle Bedürfnislage des Babys bewirkt sie jedoch das Gegenteil.

Unspezifische Unmutslaute und Schreien bei starker Erregung sind ohne klare Botschaft für die Eltern. Hier ist es besonders wichtig, Ihr Baby ganz individuell kennen zu lernen. Was dem einen Kind an Reizangebot schon zu viel ist, ist dem anderen bereits zu langweilig. Sie können sich beim Einschätzen des kindlichen Temperaments leider nicht auf Ihre eigenen Vorlieben an Außenstimulation verlassen. Die müssen nicht unbedingt den Wünschen und Bedürfnissen Ihres Kindes entsprechen. Hier hilft nur ein vorsichtiges Ausprobieren in die eine oder andere Richtung der Erregungsskala, um Über- oder Unterstimulation zu vermeiden. Wichtig ist dabei auch die Berücksichtigung des biologischen Rhythmus' und der Tagesform Ihres Babys.

Ist es Kälte, Hitze, Nässe?

Die Regulation seiner Körpertemperatur kann der Säugling in den ersten Lebensmonaten noch nicht so gut bewerkstelligen wie ältere Kinder oder Erwachsene. Er hat zwar sogenanntes braunes Fettgewebe, aber ihm fehlt es an der isolierenden Schutzschicht starken Muskelgewebes. Seine Körpertemperatur ist am Lebensanfang niedriger als die eines Erwachsenen. Und sein Körper kühlt vor allem im Schlaf schnell ab. Ein Neugeborenes friert deshalb besonders schnell. Auch die Fähigkeit zu schwitzen entwickelt sich erst später. Daher müssen die Eltern die Körpertemperatur regulieren.
Unspezifische Unmutslaute bis hin zum Schreien können nur dann richtig interpretiert werden, wenn man die Umgebungstemperatur berücksichtigt. Am besten vergleichen Sie die Haut-Temperatur Ihres Babys mit Ihrer eigenen. Wenn Ihr Baby friert, fühlen sich sein Bauch und seine Füße kühler an als Ihre Hand, und der Atem kann beschleunigt sein. Ist es zu heiß für das Baby, dann sind Bauch und Füße deutlich wärmer als Ihre Hände, der ganze Körper wird rot, Hitzepusteln können sich bilden, und seine Temperatur steigt.
Gegen Nässe ist Ihr Baby dagegen weitgehend unempfindlich. Eine nasse Windel stört es nicht wirklich. Was nicht heißen soll, dass es überflüssig wäre, die Windel zu wechseln. Aber über die Nässe allein wird sich Ihr Baby nicht beschweren.

Babys können nicht nur schreien

Schreien ist sicher das auffälligste Lautsignal des Säuglings. Aber es gibt mindestens noch fünf weitere Möglichkeiten, sich bei den Eltern bereits am Lebensanfang Gehör zu verschaffen.
Die folgenden Beschreibungen sollen Sie für die Bedürfnisse Ihres Babys sensibilisieren. Diese Laute wahrzunehmen und richtig und frühzeitig zu interpretieren, kann verhindern, dass es überhaupt zum Schreien kommt. Vorbeugung ist beim Schreien besonders wichtig. Denn kindliche Schreiattacken haben eine tückische Eigenart: Sie erreichen relativ schnell einen Punkt der Eskalation. Und ist dieser erreicht, bleibt das Schreien ziemlich lange auf einem konstant hohen Niveau. Der Säugling scheint in seinem Schreien gefangen zu sein und kann nur mit großem Aufwand und erst nach einiger Zeit wieder aus diesem Zustand befreit werden. Soweit braucht es aber gar nicht erst zu kommen.

- Ein kurzer einzelner **Kontaktlaut** (etwa von 1/10 Sekunde Dauer), wird vor allem nach dem Aufwachen geäußert, wenn keine Bezugsperson wahrnehmbar ist. Diesen Laut kann man als Frage interpretieren: *„Ist jemand da, oder bin ich allein?“* Viele Mütter und Väter kennen diesen Laut und wissen: Wenn sie darauf nicht reagieren – das Kind nicht ansprechen, aufnehmen oder zumindest in sein Blickfeld treten – fängt es an zu weinen. Dieses Weinen ist ein Alarmruf und wird als Verlassenheits-Weinen bezeichnet. Es ist ein uraltes biologisches Erbe, um den schützenden Kontakt zur Familie nicht zu verlieren. Subjektiv empfindet das Baby in einer solchen Situation Verlassenheits-Angst. Schreien kostet den Säugling viel Energie. Und bevor er – vielleicht unnötigerweise – gleich zum stärksten Signal greift, verwendet er zuerst einmal nur den vergleichsweise sparsamen Kontaktlaut.

- Beim **Unmutslaut** handelt es sich um eine Serie kurzer Einzellaute (etwa 14 pro Sekunde), die sich rhythmisch wiederholen. Das Baby signalisiert damit, dass es sich unwohl fühlt, und fordert seine Eltern auf, Abhilfe zu schaf-

fen oder die eben an ihm durchgeführte Handlung nicht zu wiederholen. Vielleicht gelingt es ihm nicht, sich auf die Ärmchen zu stützen. Oder es wurde zu schnell ins Badewasser gesetzt, die Nase musste geputzt werden oder Brust bzw. Flasche wurden zu früh abgesetzt.
Natürlich lassen sich nicht alle Frustrationen umgehen, aber Ihr Baby ist mit dem Unmutslaut in der Lage, Ihnen zu „sagen“, was ihm nicht gefällt. Und Sie können dann von Fall zu Fall entscheiden, wo die Frustration sich beheben lässt – und wo sie unvermeidbar ist.
Ist die Frustration unvermeidlich – etwa beim Impfen – sollten Sie ihm durch körperlichen Kontakt und beruhigende Ansprache das Gefühl geben, dass Sie trotz des Problems da sind und alles in Ordnung ist. Wird der Unmutslaut von den Bezugspersonen ignoriert und erfolgt auch keine Beruhigung, ist die Eskalation zum Frustrations-Schreien fast zwangsläufig. Nicht jede Eskalation ist zu vermeiden. Und die Frustrations-Toleranz der Babys unterscheidet sich: Einige ertragen viel, bevor sie sich bemerkbar machen, andere schreien bei jeder Kleinigkeit.

- Den sogenannten **Schlaflaut** kennen Eltern, die ihr Zimmer oder Bett mit ihrem Baby teilen. Er dauert etwa 3/10 Sekunden lang, wird in unregelmäßigen Abständen (etwa viermal in der Stunde) während des kindlichen Schlafs geäußert und geht häufig mit einer Änderung der Schlafposition einher. Der „wohlig“ klingende Laut bedeutet soviel wie: *„Mit mir ist alles okay, du brauchst Dir keine Sorgen um mich zu machen.“* Er signalisiert der Mutter das Wohlbefinden des Säuglings. Diese Meldung nimmt die Mutter im Halbschlaf unbewusst wahr und lässt sie beruhigt weiterschlafen. Manche Eltern antworten sogar (unbewusst oder bewusst) selbst mit einem ähnlichen Laut, um dem Säugling ihrerseits ihre Anwesenheit zu signalisieren. Ist ihr Baby jedoch unruhig, quengelt oder schreit, sind sie sofort hellwach.

- Der **Trinklaut** ist am bekanntesten, weil er jedes Füttern begleitet. Nach jedem Schluckvorgang im Rhythmus des Trinkens (etwa einmal pro Sekunde) gibt der Säugling diesen zufrieden klingenden Laut von sich und gibt damit zu erkennen, dass die Synchronisation zwischen ihm und seiner

Mutter stimmt und die Milch in der richtigen Menge nachfließt. Mütter deuten ihn unbewusst richtig, entspannen sich und genießen diese nahe Situation.

- Der **Wohligkeits-Laut** dürfte der beliebteste unter den frühkindlichen Lautäußerungen sein, weil er deutlich signalisiert, dass alle Bedürfnisse befriedigt sind und das Baby sich geborgen fühlt. Zu hören ist er etwa nach der Mahlzeit auf dem Schoß der Mutter: Das Baby ist satt, noch nicht zu müde und deshalb an Unterhaltung interessiert.

Die beschriebenen Lautäußerungen folgen mitunter im raschen Wechsel, wenn die Umweltsituation sich für das Baby ändert. Das Baby kommentiert sozusagen die Aktionen seiner Bezugspersonen und gibt damit wichtige Hinweise für eine gelungene Interaktion zwischen ihm und dem Sozialpartner. Deutlich wird das beispielsweise beim Füttern. Stimmt das Tempo, wird der Wohligkeits-Laut „ausgesprochen“. Wenn das Tempo nicht mehr stimmt oder der Säugling satt ist, wird man den Unmutslaut hören.

Lautsignale sind eine gute Möglichkeit, mit Ihrem Baby ins Gespräch zu kommen und Schrei-Attacken im Vorfeld zu verhindern: Wenn Sie das Bedürfnis Ihres Babys sofort erkennen, dann braucht es gar nicht erst mit dem Schreien anzufangen.

Schreien kommt und geht über die ersten drei Monate

Um sich auf die ersten Monate besser einstellen zu können, ist es gut zu wissen, wann Ihr Baby wahrscheinlich besonders viel Unruhe zeigen wird. Die individuellen Unterschiede zwischen Säuglingen sind groß, und es ist auf jeden Fall empfehlenswert, ein eigenes Verhaltens-Tagebuch Ihres Kindes zu führen (siehe Kapitel 4). Aber es gibt einige allgemeine Anhaltspunkte, die sehr hilfreich sein können.

> ➤ ***Bereits in der ersten Lebenswoche unterscheiden sich Babys in ihren Schreidauern.***

Schreien kann ein Baby erst mit der Geburt – aber Wechsel zwischen ruhigeren und unruhigeren Phasen zeigen sich schon vorher. Die motorische Aktivität des Säuglings beginnt bereits vor der Geburt. In Abständen von 50 bis 90 Minuten wechseln Phasen der Ruhe mit denen der Aktivität ab. Interessanterweise ist dieser Ruhe-Aktivitäts-Zyklus an die Schlafstadien der Mutter gebunden. Wenn die Mutter träumt, ist der Fötus aktiv. Ist sie im Tiefschlaf, bewegt er sich nicht. In den Zeiten, in denen das ungeborene Kind aktiv ist, nimmt es die Stimme der Mutter und andere Außengeräusche wahr. In den Ruhephasen werden diese Eindrücke wahrscheinlich im Gehirn nachbearbeitet und im Gedächtnis abgespeichert.

Interessanterweise sind bereits vor der Geburt die starken und die mittleren Kindsbewegungen am Nachmittag wesentlich häufiger als am Vormittag. Dieser Unterschied setzt sich auch nach der Geburt fort. Man geht heute von einer gewissen Kontinuität des Unruhe-/Aktivitäts-Niveaus von Anfang an aus. Diese Kontinuität setzt sich nach der Geburt in noch stärkerem Maße fort. Bereits in der ersten Lebenswoche unterscheiden sich Babys in ihren Schreidauern. Die Unterschiede bleiben für die nächsten Wochen meist erhalten.

Wenn Sie den Verdacht hegen, dass Ihr Kind mehr als üblich schreit, sollten Sie so früh wie möglich mit Ihrem Kinderarzt darüber reden. Warten Sie nicht bis zur nächsten Vorsorge-Untersuchung.

➤ Das Schreipensum eines Babys hängt von Tagesform und Alter ab.

Ganz egal, wie viel Ihr Baby schreit: Sie können in den ersten Monaten davon ausgehen, dass es das nicht Tag für Tag, Woche für Woche im selben Maß tun wird. Zum einen entscheidet die Tagesform eines Babys über sein Schreipensum, zum anderen sein Alter. Viele Schreibabys legen sogar „Ruhetage“ ein, an denen sie zum Teil deutlich weniger als drei Stunden am Tag unruhig sind (siehe Abb. 1). Aber auch bei den ruhigeren Babys spielt die Tagesform eine große Rolle.

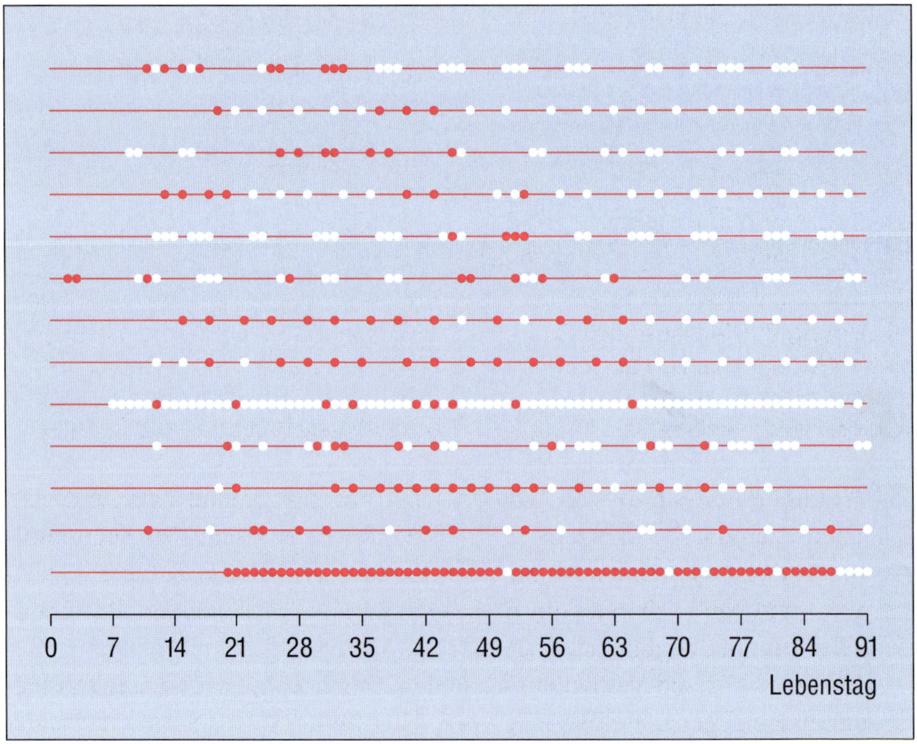

Abbildung 1: Schreitage (•) und Nicht-Schreitage (○) von 13 Schreibabys in den ersten drei Lebensmonaten. Jeder Kreis entspricht einem Protokolltag. (Quelle: Daten aus der Freiburger Säuglingsstudie. In: Bensel, 2003)

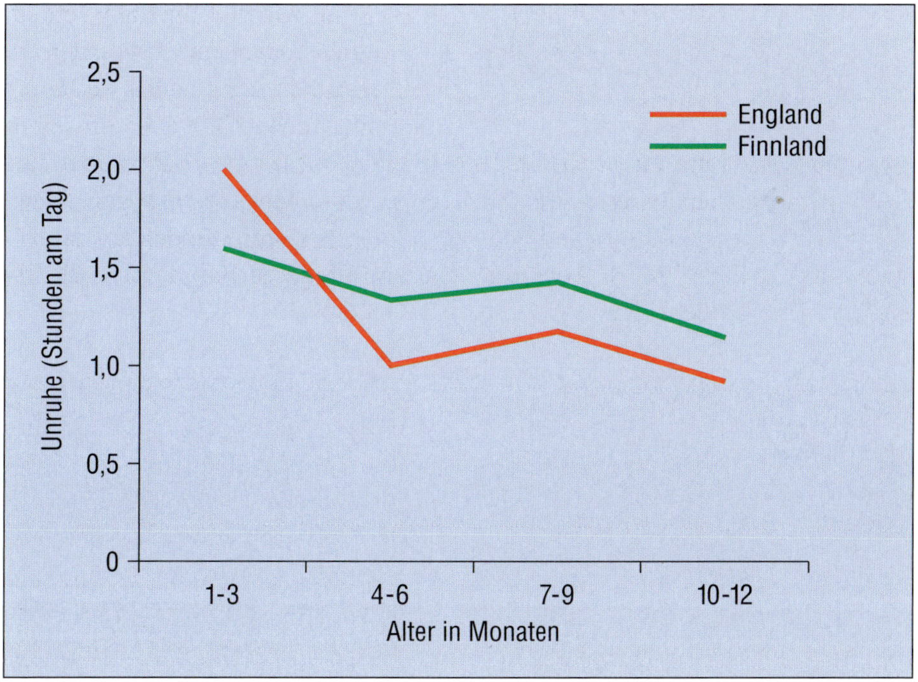

Abbildung 2: Die Dauer des Schreiens und Quengelns nimmt nach dem dritten Monat deutlich ab und bleibt für den Rest des ersten Lebensjahres auf gleichem Niveau.
(Quelle: Michelsson et al., 1990, bzw. St. James-Roberts und Halil, 1991)

Wie kommt es, dass Babys an manchen Tagen unruhiger sind als an anderen? Das kann sich durch Unterschiede im Tagesablauf ergeben, aber auch durch die mal mehr, mal weniger vorhandene Zeit der Eltern, das Schreien aufzufangen – und natürlich auch durch akute Anlässe wie körperliche Beschwerden, Zahnen oder beginnende Entwicklungs-Schübe beim Baby.
Auch hier hilft oft ein Verhaltens-Tagebuch weiter, mit dem man auch Besonderheiten des Tages notieren kann, um im Nachhinein ruhigere und turbulentere Tage des Babys miteinander vergleichen zu können. Wenn Sie ein solches Tagebuch führen, gelangen Sie vielleicht selbst zu folgenden oder ähnlichen Aussagen über ruhigere Tage:

Wissenschaft und Forschung

Auf Rückschritte folgen Fortschritte

Das niederländische Forscher-Ehepaar *Hetty van de Rijt* und *Frans Plooij* hat über 25 Jahre lang viele Babys über die ersten 1½ Lebensjahre beobachtet und dabei festgestellt, dass auch ganz normale, gesunde Babys zu ganz bestimmten Zeitpunkten – so auch im typischen Schreibaby-Alter – weinerlicher, fordernder und anstrengender waren als sonst vorher und nachher. War diese Phase vorbei, hatte der Säugling einen deutlichen Entwicklungs-Sprung nach vorn gemacht. Er konnte plötzlich Dinge wahrnehmen und verfolgen, die er vorher ignorierte, oder war schlagartig fähig, seinen Körper in eine neue Lage zu bringen (um nur zwei Beispiele zu nennen). Es scheint so zu sein, dass die Veränderung, vor allem auch die Neuorganisation der Neuronen im Gehirn des Babys, eine Entwicklungs-Leistung sind, die zuerst einmal stark verunsichernd wirken. Das Baby spürt die sich ankündigenden Veränderungen, die aufkeimenden neuen Fähigkeiten und braucht in dieser Zeit seine Hauptbezugspersonen mehr als sonst, um bei ihnen die nötige

- *„Der Haushalt wurde mir heute abgenommen. Dadurch hatte ich mehr Zeit, mit meinem Baby zu spielen“.*
- *„Heute war ich selbst sehr entspannt. Ich glaube, das hat sich auf mein Baby übertragen“.*
- *„Beim Spazierengehen mit dem Tragetuch hat sie am Mittag fast die ganze Zeit geschlafen. Ich hatte das Gefühl, dadurch war sie am späten Nachmittag viel weniger knatschig als sonst“.*
- *„Heute war meine Schwester zu Besuch. Die beiden waren ganz fasziniert voneinander“.*

„Ruhetage“ des Babys, die man an bestimmten Ereignissen oder Stimmungen festmachen kann, sind ein guter HInweis darauf, in Zukunft solche günstigen Bedingungen möglichst oft herbeizuführen.

Der andere Grund, warum sich die Unruhedauer des Babys verändert, ist das fortschreitende Alter. Überall auf der Welt schreien Babys gegen Ende des ersten bzw. Anfang des zweiten Lebensmonats am meisten. Man spricht vom „frühen Schreigipfel“. Bis zu diesem Zeitpunkt nimmt das Schreien zu – nach dem Höhepunkt, der von Kind zu Kind leicht variiert,

nimmt die Schreidauer kontinuierlich wieder ab.
Dass es sich dabei um eine reifungsbedingte Entwicklungs-Erscheinung handelt und nicht um eine Spezialität einiger „besonderer" Babys, machen auch Schreistudien an Frühgeborenen klar. Kommen die „Frühchen" beispielsweise sechs Wochen vor ihrem berechneten Geburtstermin auf die Welt, ist ihr Schreigipfel genau um diese Zeit nach hinten verschoben. Er liegt dann nicht im zweiten, sondern im dritten Lebensmonat – just zu dem Zeitpunkt, an dem der Reifegrad ihres Gehirns etwa dem eines termingerecht auf die Welt gekommenen Babys mit zwei Monaten entspricht. Wäre das „Frühchen" wie geplant auf die Welt gekommen, wäre es jetzt auch zwei Monate alt. Der Schreigipfel muss also etwas mit dem Reifezustand des Babygehirns zu tun haben.

Sicherheit zu finden. Es wird bedeutend anhänglicher.
Häufig zeigen sich in diesen Übergangs-Phasen vorübergehende Rückschritte, die von außen betrachtet erst einmal verwunderlich erscheinen: *„Er konnte doch schon allein einschlafen, warum braucht er plötzlich mich wieder dazu?"* Sicherheit in Altvertrautem zu finden ist die Ursache für dieses vorübergehend rückschrittliche Verhalten, das sich vor allem in einem erhöhten Kontaktbedürfnis äußert. Ist die Entwicklungskrise gemeistert, die „Metamorphose" vollzogen, kehrt der Säugling zu seinen bereits gekonnten Fähigkeiten zurück und zeigt zusätzlich seine neu erworbenen Kompetenzen.

Nach drei Monaten ist es geschafft: Jetzt schreien die meisten Babys nur noch etwa eine Stunde am Tag – meist aufgeteilt in kleine, von den Eltern ohne Probleme zu bewältigende Schreiepisoden. Das ändert sich bis zum Ende des ersten Lebensjahres dann nicht mehr.
Die gute Nachricht lautet: Ist der Gipfel des Schreibergs (meist in der dritten bis fünften Woche) erst einmal erreicht, wird es Schritt für Schritt besser.
Besonders wichtig ist es für Eltern zu wissen, dass sie auch in den harten Zeiten die Dauer des Schreiens reduzieren können, wenn sie ursprünglichen Betreuungs-Praktiken den Vorrang geben: Hohe Antwortbereitschaft, viel körperliche Nähe und die Berücksichtigung der kindlichen Bedarfsäußerungen nach Nahrung, Schlaf und Anregung. Damit ändern Sie zwar nichts an der Häufigkeit der Schreiepisoden, aber Sie stoppen sie nach wesentlich kürzerer Zeit.

Wo liegt die Ursache für dieses universelle Phänomen? Dazu müssen wir uns zunächst einmal den typischen Entwicklungs-Verlauf des Säuglings in dieser Zeit genauer anschauen. Der besteht nämlich keinesfalls aus einer stetigen Zunahme der Fähigkeiten und Kompetenzen. Die Entwicklung vollzieht sich in Schüben oder Wellen.

Der zweite Monat ist nach Ansicht vieler Entwicklungs-Forscher ein ganz besonderer Entwicklungs-Zeitraum. Hier reifen viele Entwicklungs-Schritte heran, die sich nach dem zweiten Monat deutlich entfalten. Man spricht vom „biologischen Verhaltenswechsel".

Der biologische Verhaltenswechsel

- Viele angeborene Reflexe, wie zum Beispiel der Suchautomatismus (nach der Brustwarze) oder der Schreitreflex (Ansätze von Laufbewegungen, sobald das Baby aufrecht gehalten wird) verschwinden.
- Auf der anderen Seite verbessern sich die Formen und Mechanismen des Lernens. Was man gelernt hat, bleibt auch länger erhalten. So gewöhnt sich ein Baby leichter an Gehörtes oder Gesehenes seiner Umwelt. Auf bekannte, häufig wiederkehrende Reize wird nicht mehr regelmäßig mit Blinzeln, erhöhtem Herzschlag oder beschleunigter Atmung reagiert.
- Auch das Vermeidungs-Lernen unangenehmer Reize und Handlungen funktioniert besser.
- Lernerfahrung passiert häufig in der Interaktion mit den Familienmitgliedern. Die Wechselseitigkeit beim Spiel und anderen Interaktionen erreicht ein neues Niveau. Ihr Baby kann nun seine Wünsche und Absichten zielgerichteter zum Ausdruck bringen. Dafür stehen ihm neue Fähigkeiten zur Verfügung, zum Beispiel das echte soziale Lächeln in Kombination mit einem Wohligkeitslaut oder das Vokalisieren mit sozialer Botschaft. Seine Augen können nun die elterlichen Aktivitäten besser verfolgen. Besonders die mütterliche Augenpartie hat es ihm angetan und stimuliert es zu häufigem Augenkontakt. Diese neuen

sozialen Fähigkeiten verlängern die Interaktionszeit mit den Bezugspersonen und führen zu verlängerten aufmerksamen Wachphasen. Das Kind „belohnt" uns mit deutlich gezeigter Aufmerksamkeit.

- Das Baby erkundet und vokalisiert mehr, es schläft weniger und mit weniger Unterbrechungen.
- All diese Veränderungen spiegeln sich auch in einem zunehmend komplexeren und Erwachsenen-ähnlicheren Aufbau des Gehirns wider.

Insgesamt zeigen sich deutliche Leistungs-Unterschiede zwischen dem Neugeborenen und dem über zwei Monate alten Säugling.
Es ist viel los in den ersten beiden Lebens-Monaten. Große Entwicklungs-Aufgaben sind zu bewältigen. Viele automatische, durch genetische Programme gesteuerte Abläufe müssen nun durch Lernvorgänge ersetzt werden. Das könnte ein Grund für den berühmten Schreigipfel des zweiten Lebensmonats sein. Es gibt sogar Hinweise darauf, dass der menschliche Säugling es ganz besonders schwer hat in den ersten Monaten, weil er von seiner biologischen Ausstattung her eigentlich drei Monate zu früh auf die Welt kommt.
Natürlich ist das Baby nach dem zweiten Monat auch für seine Bezugspersonen besser zu verstehen: Die Signale sind eindeutiger, und die Interaktionen werden durch die stärkere Ausdruckskraft des Babys mehr belohnt. Das macht es leichter für die Eltern, richtig auf das Verhalten ihres Säuglings zu reagieren. Und schon wieder kommt eine Belohnung: Die Schreiepisoden werden kürzer.

Wissenschaft und Forschung

Das menschliche Baby – eine „physiologische Frühgeburt“

Im Laufe der Evolution zum heutigen Menschen nahm die Größe des Gehirns und damit des Schädelvolumens zu. Eigentlich stellt die Schädelgröße des Neugeborenen ein Problem bei der Geburt dar, weil sein Geburtsweg durch den knöchernen Beckenring der Mutter führt. Durch die Entwicklung des aufrechten Gangs war der Erweiterung des knöchernen Beckenrings eine natürliche Obergrenze gesetzt. Die Entwicklung des menschlichen Gehirns erreichte zu diesem Zeitpunkt jedoch nicht ihren Endpunkt. Für das Problem, trotz des geburtsmechanischen Engpasses eine Fortschreitung der Hirnentwicklung zuzulassen, gab es jedoch eine Lösung: Der menschliche Säugling kam und kommt drei Monate vor seinem physiologisch passenden Geburts-Zeitpunkt auf die Welt – wenn sein Kopf noch klein genug ist, um durch den Geburtskanal zu passen – und vollzieht die Entwicklung, die seine stammesgeschichtlichen Vorgänger noch im Mutterleib durchliefen, außerhalb.
Diese Theorie findet ihre Bestätigung darin, dass die Neugeborenen unse-

Schreien kommt und geht am Tag

Wenn Sie sehr aufmerksam sind und vielleicht sogar Tagebuch über das Verhalten Ihres Baby führen – insbesondere das Schreien –, werden Sie feststellen, dass die Phasen der Unruhe, des Quengelns und Schreiens sich nicht gleichmäßig über den Tag verteilen. Die meisten Babys haben bevorzugte Unruhe-Zeiten. Und für jede zweite Familie liegt die Haupt-Unruhezeit am Abend zwischen 17 und 22 Uhr. Fast die Hälfte des gesamten Schreiens fällt in diesen Zeitraum, wenn die Eltern schon einen langen anstrengenden Tag hinter sich und nur noch wenig Kraft haben, sich intensiv um ihr Baby zu kümmern.

- *„Ich bin abends kaputt. Da habe ich sicher schon oft Signale von Luisa übersehen oder überhört.“*
- *„Abends war ich mies drauf und müde, das könnte das Schreien gut erklären.“*
- *„Abends war ich oft besonders angespannt. Aber einer von uns beiden konnte immer. Ohne meinen Mann wäre das schon schwieriger gewesen.“*

- *„Abends habe ich meinen Mann herbeigesehnt, damit er sie auch mal nimmt."*
- *„Abends bin ich meist ziemlich fertig. Dann übernimmt mein Mann, badet ihn und bringt ihn ins Bett."*

rer nächsten Verwandten im Tierreich (Schimpansen, Orang-Utans und Gorillas) in vielen Bereichen fertiger auf die Welt kommen als Menschenbabys. Erst mit drei bis vier Monaten ist der menschliche Säugling von seinen Fähigkeiten her soweit wie ein neugeborenes Menschenaffen-Baby. Das menschliche Neugeborene ist von Natur aus eine „physiologische Frühgeburt". Das könnte erklären, warum ihm manche Dinge, wie zum Beispiel der Schlaf-Wach-Rhythmus, die Regulation seiner Körpertemperatur und die frühe Selbstregulation seines Verhaltens – insbesondere des Schreiverhaltens – in den ersten Monaten noch so schwer fallen.

Woher kommt das sogenannte „Abendschreien", auch „Fünf-Uhr-Schreien" genannt?

Bereits der Fötus im Mutterleib zeigt am Nachmittag mehr Bewegungs-Aktivität als am Vormittag. Vielleicht haben Sie selbst noch die vielen nachmittäglichen „Strampler" in Ihrem Bauch in Erinnerung. Dieser Trend setzt sich nach der Geburt fort. Am Abend bewegt sich ein Baby am meisten. Herzschlag und Körpertemperatur – beides Erregungs-Anzeichen – sind am höchsten. Die Wahrscheinlichkeit, jetzt noch einmal ein Nickerchen vor dem eigentlichen Nachtschlaf einzulegen, ist besonders gering. Auch bei Erwachsenen findet sich in den frühen Abendstunden ein Maximum an Wachheit, gepaart mit dem Zeitpunkt der geringsten Einschlaf-Bereitschaft.

➤ *Die meisten Babys haben bevorzugte Unruhe-Zeiten.*

Der ganze Körper ist auch hormonell darauf eingestellt, jetzt – wenn möglich – noch nicht einzuschlafen. Warum? Schläfchen in den Abendstunden bringen den Schlaf-Wach-Rhythmus völlig durcheinander. Sie schieben den Einschlafzeitpunkt für den Nachtschlaf nicht nur weit nach hinten, sondern führen auch zu häufigeren Wachepisoden in der Nacht. Eine turbulente Nacht für Eltern und Kind nimmt ihren Lauf. Die goldene Regel für einen guten Nachtschlaf lautet deshalb: Der längsten Schlaf-Episode (also dem Nachtschlaf) sollte die längste Wachzeit vorausgehen.

Was bedeutet das nun für das Abendschreien? Ihr Baby hat am Abend die schwierigste Wachbleib-Aufgabe des Tages zu lösen. Zu keinem anderen Zeitpunkt des Tages muss es so lange aufbleiben. Es muss länger als sonst darauf warten, abschalten zu können von all den Wahrnehmungen und Reizen, von all den Eindrücken und Erlebnissen, bis es diese endlich im Schlaf verarbeiten und die davon beachtenswerten in sein Langzeitgedächtnis überführen kann.
Es hat in diesem frühen Alter noch nicht die gleichen Möglichkeiten wie Erwachsene, sich auch im Wachzustand entspannen und zwischendurch abschalten zu können. Grund genug, am Abend quengeliger und unruhiger zu sein als irgendwann sonst am Tag. Abschalten kann es nicht, einschlafen darf es nicht. Die beste Hilfe, die Sie Ihrem Baby am Abend anbieten können, sind möglichst reizarme entspannende Angebote, wie etwa ein Bad, eine Babymassage oder leise Musik. Sie sollten auch darauf achten, den individuellen Einschlafzeitpunkt Ihres Babys zu erwischen, um ihm genau zu dieser Zeit die nötige Einschlafhilfe zu bieten, die es braucht, um sein Einschlaftor nicht zu verpassen. Auch dabei hilft Ihnen das Tagebuch.
Babys, die mehr als andere schreien, haben es abends besonders schwer. Denn ihre Akkus sind noch leerer als die der anderen. Vermehrtes Schreien geht auf Kosten des Schlafs – und zwar insbesondere auf die des Tagesschlafs. Das bedeutet: Schreibabys hatten bis zum Zeitpunkt der langen Wachepisode am Abend weniger regenerierende Tagesschläfchen als die ruhigeren Babys und sind deshalb besonders reizbar, unduldsam und erschöpft.

➤ Babys, die mehr als andere schreien, haben es abends besonders schwer. Denn ihre Akkus sind noch leerer als die der anderen.

Auch die Menge des Stresshormons Cortisol ist bei einem Schreibaby am Abend deutlich höher als bei einem ruhigeren Säugling. Normalerweise fällt der Cortisolwert zum Abend hin deutlich ab. Das findet bei Schreibabys nicht in diesem Maße statt. Auch die Physiologie spiegelt also die höhere Abendbelastung wider.
Wenn Sie das Gefühl haben – das vielleicht auch durch Ihr Tagebuch bestätigt wird –, dass Ihr Baby tagsüber zu wenig schläft, sollten Sie ihm helfen, häufi-

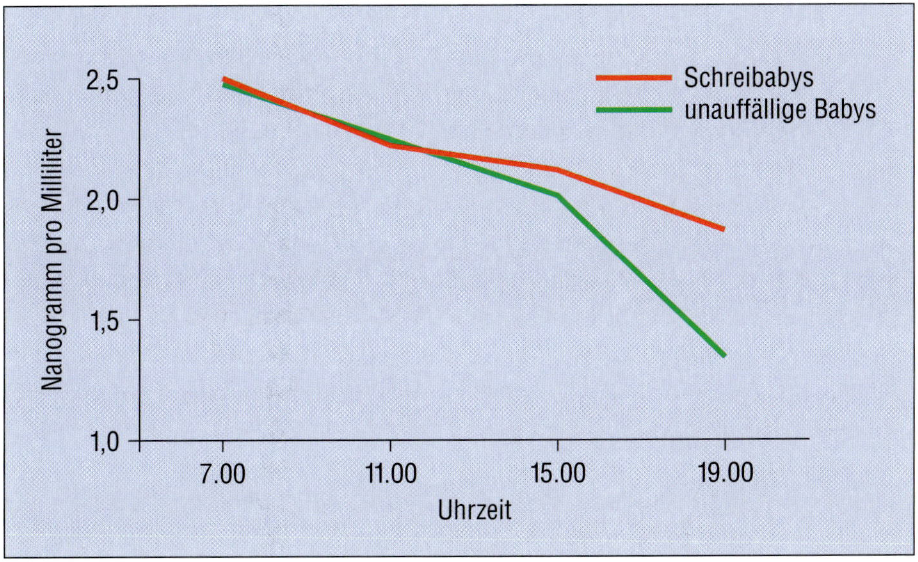

Abbildung 3: Das Stresshormon Cortisol zeigt bei Schreibabys einen veränderten Tageslauf. Die übliche Abnahme am Abend ist bei ihnen weitaus schwächer als normal. (Quelle: Schieche, M. et al., 2000)

ger in den Schlaf zu finden – jedoch nicht, indem sie es einfach abseits in sein Bettchen legen. Sondern, indem sie es etwa häufig tagsüber tragen oder regelmäßig mit ihm spazieren gehen. Das erleichtert ihm den Wach-Schlaf-Übergang. In der schaukelnden Bewegung und an der frischen Luft fällt es ihm leichter einzuschlafen, sobald es müde ist. Manche Babys brauchen hier mehr Hilfe von außen, um ihre Müdigkeit tatsächlich in Schlaf umwandeln zu können.

Das Abendschreien ist besonders ausgeprägt, wenn das Baby in der dritten bis fünften Lebenswoche seinen Schreigipfel hat. Die Abende in dieser Periode sind auch für Babys, die keine Schreibabys sind, die heikelsten während der ganzen Säuglingszeit. Gegen Ende des 3. Monats sind die charakteristischen Quengelphasen am Abend bei den meisten Säuglingen wieder verschwunden. Mit zunehmender Entwicklung des Babys wandelt sich die Schreizeit am Abend zu einer Zeit, in der das Baby besonders aufmerksam ist. Der hohe Erregungs-Zustand in den Abendstunden wird in einigen Familien mit zuneh-

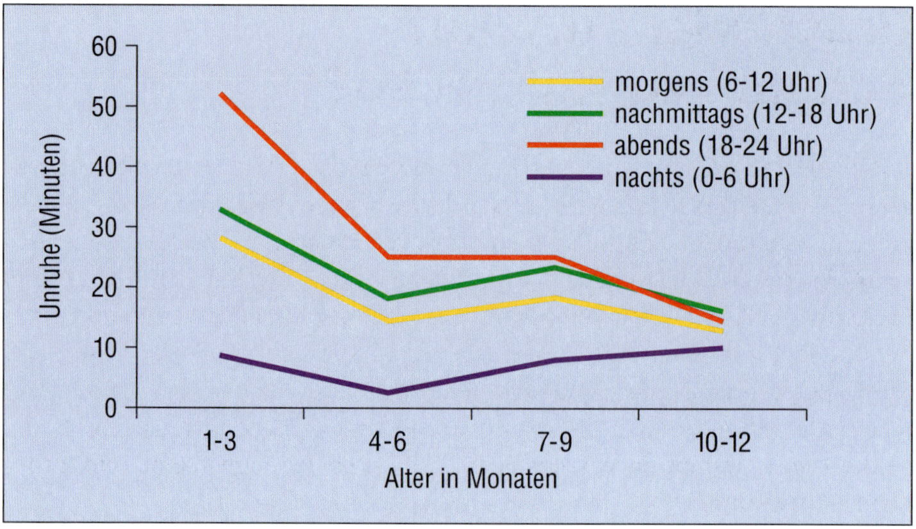

Abbildung 4: Schreien und Quengeln konzentrieren sich beim Baby in den ersten drei Lebensmonaten vornehmlich auf die Abendstunden. Nächtliche Unruhephasen sind selten. Nach dem dritten Monat nimmt das Abendschreien immer mehr ab. (Quelle: St. James-Roberts und Halil, 1991)

mendem Alter des Babys für ein „Gespräch“ genutzt. Statt die tageszeitabhängige Erregung durch Schreien abzubauen, sind viele Babys ab jetzt dazu in der Lage, den Abend „sinnvoller“ zu gestalten, nämlich im „Gespräch“ und im Spiel mit ihren Eltern.

Quengeln und Schreien in der Nacht (zwischen 23 und 7 Uhr) spielen in der Regel von Anfang an keine große Rolle. Neugeborene wachen zwar nachts häufig auf und signalisieren ihr Bedürfnis nach Nahrungsaufnahme oder Elternkontakt (bei fehlender Antwort mit zunehmender Lautstärke), aber diese nächtlichen Unterbrechungen sind selten von langer Dauer, wenn die Schlafbedingungen stimmen. Selbst Schreibabys sind in der Nacht meist friedlicher. Die wenigen Ausnahmen – echte „Nachtschreier“ – müssen im Zusammenhang mit echten Schlafstörungen gesehen werden. Sie leiden häufig unter einer allgemeinen Regulations-Störung, bei der Schrei- und Schlafprobleme, unter Umständen auch Fütterungs-Probleme, kombiniert auftreten.

Brust oder Flasche? Schadet zu viel Stillen?

Stillen erlebt in den westlichen Ländern in den letzten 30 Jahren eine Renaissance. Nachdem es in Kriegszeiten aus der Not heraus weit verbreitet war, wurde es in den Aufschwungjahren nach Kriegsende schnell wieder zum gesellschaftlichen Randphänomen, da es als umständlich, einschränkend, peinlich in der Öffentlichkeit, Figur beeinträchtigend und in späteren Jahren dann zudem als berufsverhindernd eingeschätzt wurde. Erst in der jüngsten Geschichte erfuhr das Stillen durch überzeugte und engagierte Mütter, die sich in Stillvereinigungen zusammenschlossen und das Stillen propagierten (z. B. der La Leche Liga), und durch wissenschaftliche Untersuchungen seine ihm zustehende Aufwertung.

Die Vorteile des Stillens liegen in

- der Steigerung der Abwehrkräfte des Säuglings
- einer allgemeinen Prophylaxe gegen Allergien
- der optimalen Abstimmung auf Babys Energie- und Nährstoffbedarf
- der Anpassung an seine Nieren- und Darmfunktion
- der Erleichterung der Beziehungsaufnahme zwischen Mutter und Kind durch diese spezielle und einzigartige Art der Interaktion

Darum wundert es nicht, dass mittlerweile wieder fast alle Mütter nach der Geburt versuchen, ihr Neugeborenes zumindest eine Zeitlang zu stillen. Leider schrumpft die Anzahl der stillenden Mütter schnell, wenn ihr Baby älter wird. Mit vier Monaten sind es nur noch 59%, die ihr Kind stillen, etwas mehr als die Hälfte davon ausschließlich (siehe Abb. 5).
Die Entscheidung zwischen Stillen oder Fläschchen wirkt sich aber nicht auf das Säuglings-Schreien aus. Keine der beiden Fütterungs-Stile führt zu mehr oder weniger Unruhe. Einen Unterschied macht jedoch, ob Sie Ihr Kind nach Plan oder nach Bedarf füttern und wie häufig Sie das tun. Das hat sehr wohl Einfluss auf das Schreien.

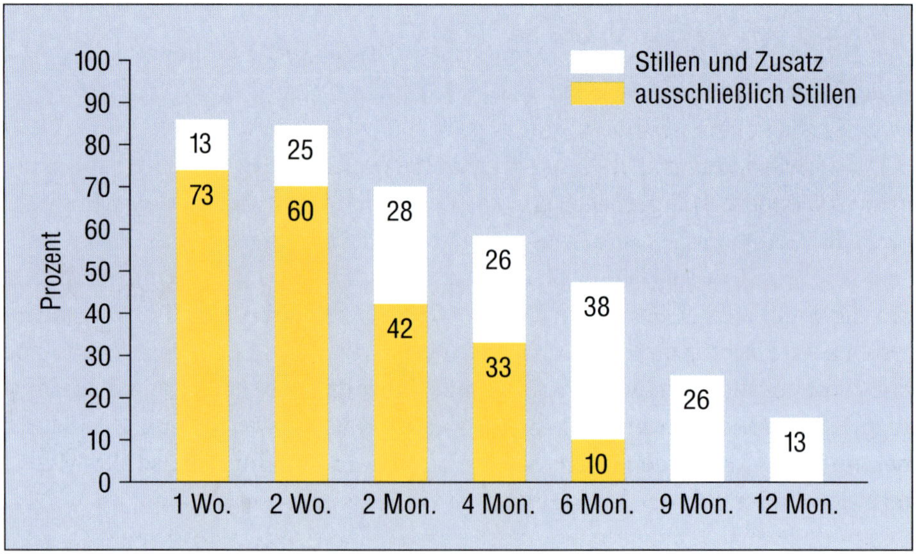

Abbildung 5: Stillbereitschaft in Deutschland.
(Quelle: Kersting & Dulon, 2002)

In vielen Wochenbett-Stationen im Krankenhaus wird den Müttern nach der Geburt immer noch – in mehr oder weniger abgemilderter Form – das Märchen von der „goldenen 4-Stunden-Regel“ erzählt. Vier Stunden – heißt es – sei der optimale Abstand zwischen den Mahlzeiten des Säuglings, das entspreche dem kindlichen Nahrungs-Verlangen, sei eine erste Erziehungs-Maßnahme, durch die der Säugling einen geregelten Tagesablauf entwickeln könne. Und außerdem ist es eine praktikable Lösung, um die Organisation des Klinikalltags zu bewerkstelligen.

Mythen im Zusammenhang mit dem Füttern nach Plan
Um das Füttern nach Plan ranken sich viele Mythen, die sich mittlerweile alle als haltlos erwiesen haben. Zum Beispiel soll das Füttern nach Plan angeblich folgende Vorteile bringen:

- Wenig Blähungen oder andere Magen-Darm-Beschwerden
- Wenig Durchfall oder Erbrechen
- Selten später Übergewicht
- Selten später kindisches oder verwöhntes Kind
- Glückliche und gesunde Babys

An die Stelle des „Füttern nach Plans“ ist vielerorts das ursprüngliche „Füttern nach Bedarf“ getreten – also das Füttern auf Verlangen des Säuglings. Und das wird mittlerweile von den meisten Kinderärzten und Eltern-Ratgebern empfohlen. Das Nahrungs-Verlangen der Babys ist individuell sehr verschieden und hängt außerdem beim Stillen von der Milchbildung, also der Menge und Beschaffenheit der Muttermilch ab, die ebenfalls unterschiedlich ist.
Die tägliche Trinkmenge hängt nicht vom Körpergewicht des Babys ab, sondern von der individuellen Verdauung, der Stoffwechsel-Rate und dem unterschiedlichen Wachstums-Tempo der Kinder. Ein erzwungener Stundenplan von außen führt zu einem massiven Widerstand beim Baby. Protest-Schreien gegen die erzwungene „Null-Diät“ während willkürlich festgesetzter Nahrungs-Pausen ist die Folge.

So weit – so gut?

Auf den ersten Blick schien mit dem „Füttern nach Bedarf“ eine optimale Regelung für Mutter und Kind gefunden worden zu sein. Die Mütter müssen sich bei der Ernährung ihres Kindes nicht mehr nach statistischen Vorgaben richten und das Geschrei aushalten, bis die Uhr die nächste Mahlzeit erlaubt – in der trügerischen Hoffnung, dass ihr Baby dann in kürzester Zeit problemlos von einer Schreiphase in eine entspannte Stillphase hinüberwechseln kann. Und der Säugling muss nicht mehr seine ganze Kraft aufbieten, um gegen den für ihn unverständlichen Nahrungs-Aufschub anzuschreien. Schließlich stellt er fest, dass seine Bedürfnisse nur mit großer Anstrengung oder gar nicht be-

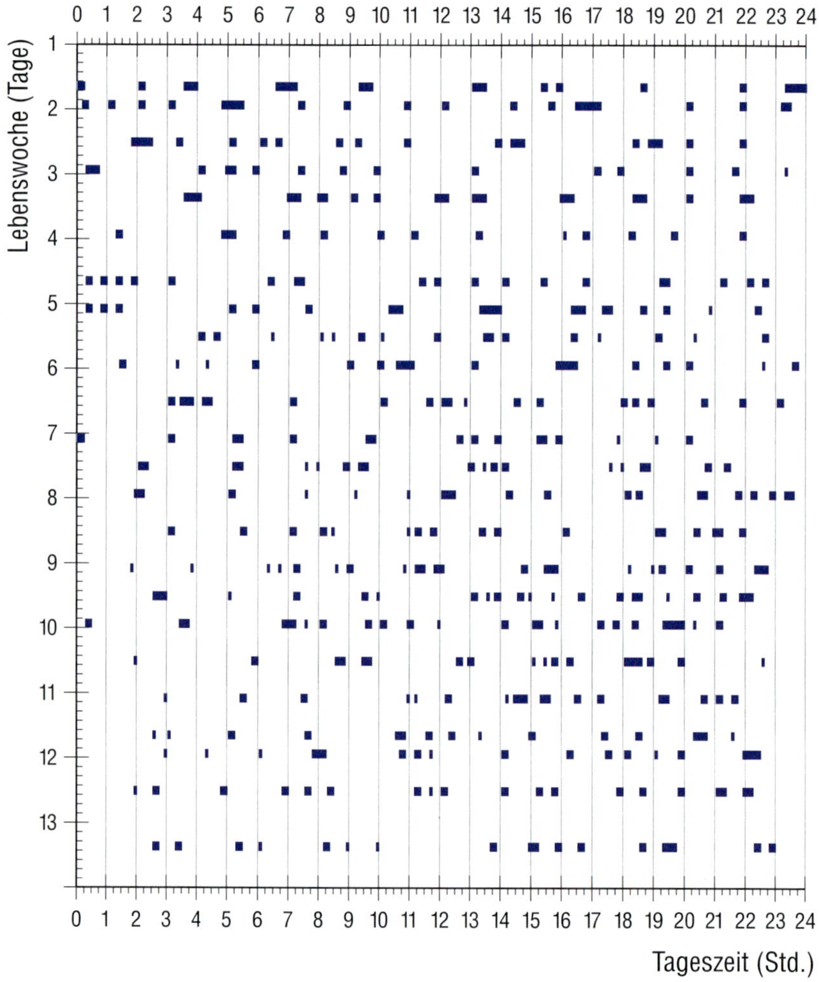

Abbildung 6 a: Stillmuster eines Babys mit vielen und unregelmäßigen Mahlzeiten
(Quelle: Daten aus der Freiburger Säuglingsstudie. In: Bensel, 2003)

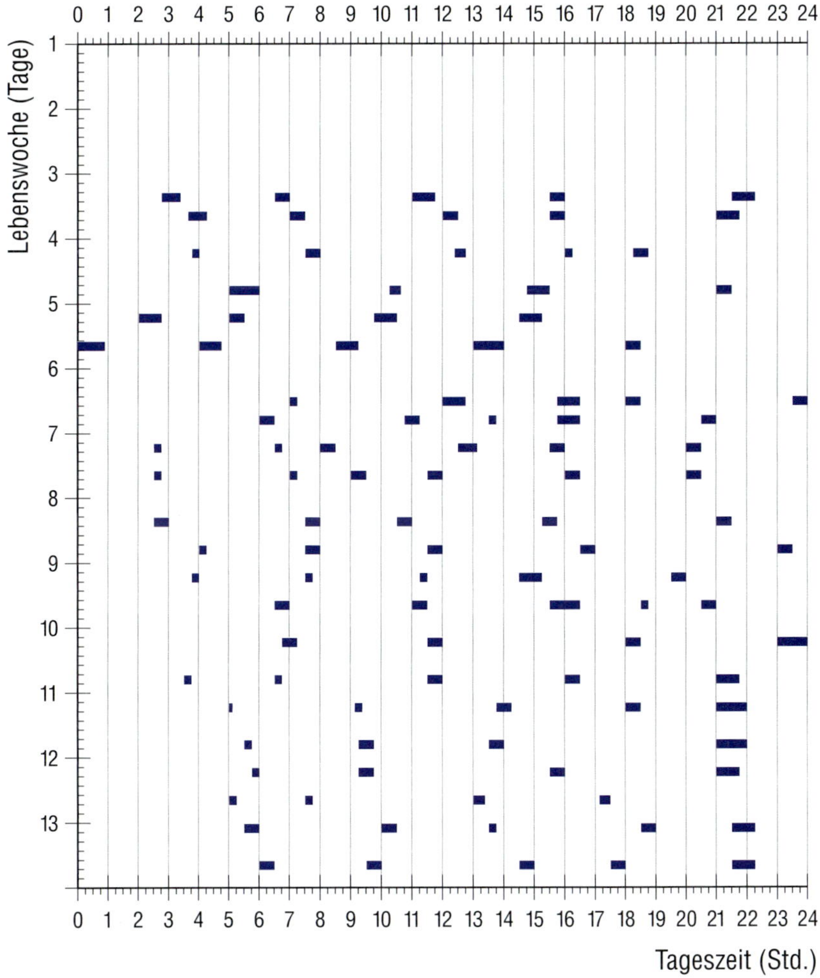

Abbildung 6 b: Stillmuster eines Babys mit wenigen und regelmäßigen Mahlzeiten
(Quelle: Daten aus der Freiburger Säuglingsstudie. In: Bensel, 2003)

Entwicklungsgeschichte und Kultur

Kulturelle Unterschiede

Eine optimale Mahlzeiten-Häufigkeit aus medizinischer Sicht gibt es nicht. Das zeigen auch die kulturell so unterschiedlichen Stillhäufigkeiten. Eine Kopenhagenerin, die ihr zwei Monate altes Baby durchschnittlich 10,5-mal am Tag stillt (Stillpause 2,3 Stunden), würde sich über die 5,7-mal einer Rostockerin (Stillpause 4,2 Stunden) sehr wundern. Beide würden allerdings staunen, wenn sie beobachten könnten, wie häufig eine Mutter aus der traditionalen Gesellschaft der !Kung-San (Südafrika) ihr Baby stillt – nämlich 3- bis 4-mal in der Stunde jeweils zwei Minuten lang. Gerade die !Kung sind aber wegen ihres selten zu hörenden Babyschreiens weltberühmt. Haben die dänischen oder gar erst die !Kung-Babys also einen anderen Magen als die deutschen Babys? Ausgeschlossen! Würde ein deutsches Baby in Dänemark oder Südafrika groß werden und entsprechend oft gestillt werden, würde sein Magen genauso wenig rebellieren wie der eines einheimischen Babys. Und es würde viel seltener schreien – jedenfalls nicht aus Hunger.

friedigt werden. Das lässt ein Gefühl der eigenen Machtlosigkeit zurück.

Den „Bedarf" legen jedoch zwei Personen fest: Mutter und Kind. Das Baby signalisiert durch Schmatzen, suchende Bewegungen mit dem Kopf, Hungerlaute und notfalls Schreien seinen Appetit. Hält man ihm einen Finger hin, beginnt es sofort daran zu saugen, wenn es hungrig ist. Aber es ist letztlich die Mutter, die die kindlichen Signale interpretiert und entscheidet, ob es Zeit ist, und ob sie dazu bereit ist, das Baby zu stillen oder ihm ein Fläschchen zu geben.

Auch Mütter, die nach eigener Angabe ihr Kind nach Bedarf füttern, haben eine unterschiedliche Antwort-Bereitschaft auf die Signale ihres Kindes. Die Schwelle zur Entscheidung für eine Mahlzeit ist unterschiedlich hoch. Wenn man genauer nachfragt, zeigt sich häufig, dass die Mütter sich eine Untergrenze vorgegeben haben – und zwar ein minimales Zeitintervall zwischen zwei Mahlzeiten, das nicht unterschritten werden darf. Dieses „eingeschränkte Füttern nach Bedarf" sieht häufig einen Zeitabstand von mindestens zweieinhalb Stunden vor.

Die Begründung für diese Mindeststillpause ist unterschiedlich. Es gibt

die These, wenn die Fütterpausen zu klein seien und im Magen halbverdaute mit frischer, unverdauter Milch zusammentreffe, führe das beim Baby zu Verdauungs-Störungen und Bauchschmerzen. Dafür gibt es aber keine wissenschaftlichen Beweise. Im Gegenteil: Babys, die kleinere Stillpausen hatten, also häufiger gestillt wurden, schrieen weniger. Das haben verschiedene Untersuchungen weltweit – einschließlich unserer Freiburger Säuglingsstudie – gezeigt. Das wäre wohl kaum der Fall, wenn die Babys bei einem zu kleinen Fütterintervall mit Bauchschmerzen zu kämpfen hätten.
Der zweite Grund für einen Mindestabstand zwischen zwei Mahlzeiten ist die Angst der Eltern vor dem Verwöhnen des Babys und einer zu starken Abhängigkeit von den Bedürfnissen ihres Kindes. Sie wollen rechtzeitig die Führung übernehmen, Ordnung in den Tagesablauf des Babys bringen, dafür sorgen, dass ihr Kind nicht ständig an ihrer Brust hängt. *„Wenn ich es jetzt verwöhne und nicht für Struktur sorge, ist es irgendwann zu spät, und es tanzt mir auf der*

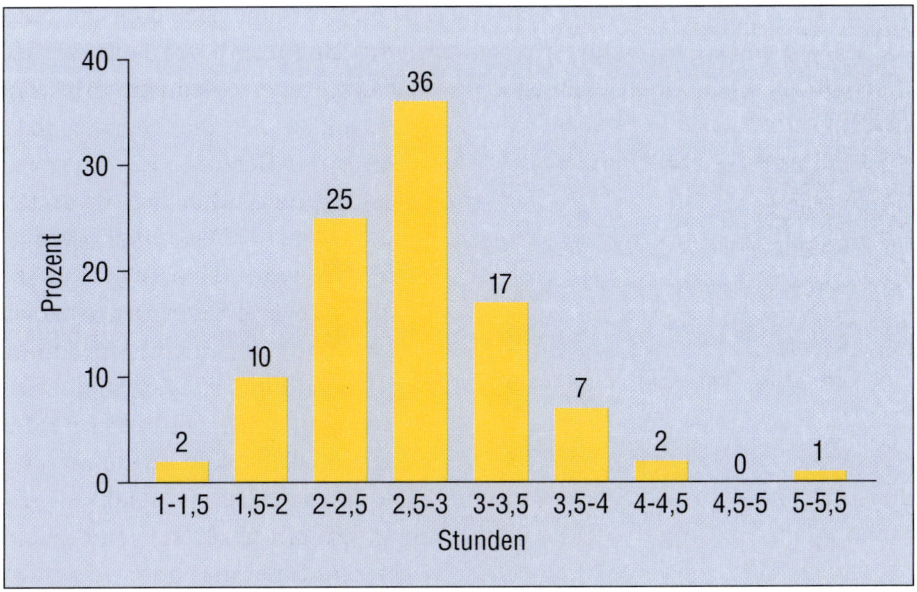

Abbildung 7: Häufigkeitsverteilung der Fütterpausen in den ersten drei Monaten. (Quelle: Daten aus der Freiburger Säuglingsstudie. In: Bensel, 2003)

Nase herum" mag sich so manche Mutter denken. Nur: Gegen sein aufkommendes Hungergefühl oder den Wunsch nach Trostsaugen kann das Baby nichts tun. Es kann sich nicht auf ein Später vertrösten – die Zukunft existiert noch nicht in seiner Vorstellung.

Es gibt also keinen wissenschaftlichen Grund, sein Baby nicht so oft zu stillen, wie es tatsächlich danach verlangt. In unserer Freiburger Säuglingsstudie betrug der geringste Stillabstand 1,3 Stunden, der höchste 5 Stunden. Mehr als ein Drittel der Babys wurde in einem Stillrhythmus unter zweieinhalb Stunden gefüttert. Sie dürfen Ihr Baby also so oft stillen, wie Ihr Kind Hunger hat.

Wird das häufige Stillen aber zu einer Last für die Mutter, dann sollte sie sich nicht aus ideologischen Gründen heraus gezwungen fühlen, ausschließlich zu stillen. Die Mutter und ihr Baby können eine entspannte Fütterungs-Situation mit Flasche mehr genießen als ein von Erschöpfung und Abwehr geprägtes Stillen. Da Flaschen-Mahlzeiten sättigender sind und langsamer verdaut werden als Brust-Mahlzeiten, sind die Nahrungspausen zwangsläufig länger.

Der Kontakt mit der mütterlichen Brust dient allerdings nicht nur der Nahrungs-Aufnahme. Das Spüren der mütterlichen Brustwarze im Mund, der individuelle Geruch, das Gehaltenwerden und die Art, wie sich die Brust der Mutter anfühlt, beruhigen das Baby wie kein anderes Anwesenheits-Signal: *„Ich bin geborgen und geschützt. Mir kann nichts passieren."*

➤ *Das Baby sucht den Kontakt zu Mamas Brust auch dann noch, wenn es längst satt ist.*

Darum ist es auch nicht verwunderlich, dass der Kontakt zur mütterlichen Brust auch dann gesucht wird, wenn kein Hunger mehr da ist. Nach bereits vier Minuten einer Stillphase hat der Säugling 84% der Milchmenge aufgenommen – und trotzdem nuckelt er noch durchschnittlich 21 Minuten lang weiter. Die Hälfte der Zeit an der Brust verstreicht ohne Nahrungs-Aufnahme. Dieses Trost- oder Kontaktsaugen ist wichtig für die Regulation der kindlichen Erregung. Und für das Wohlbefinden des Babys ist es genauso wichtig wie die Nahrungs-Aufnahme. Die Brust ist ein Ort, an dem der Säugling sich beruhigt und sich geborgen fühlt.

Nicht immer nur den Mund füllen

Brust oder Flasche zu geben, sobald ein Säugling quengelt, darf jedoch nicht zu einem Automatismus verkommen. Das aktuelle Bedürfnis des Babys sollte angemessen beantwortet werden. Wenn es Hunger hat, ist das die richtige Lösung. Wenn es getröstet werden muss, ist die Brust eine unter mehreren Lösungen. Quengelt es, weil es spielen will oder sich langweilt, sind Brust oder Flasche die falsche Antwort. Sie führt zwar vielleicht zu einer kurzfristigen Ruhigstellung des Babys, aber nicht zu einer echten Bedürfnis-Befriedigung. Wird immer nur die Flasche als Antwort aufs Quengeln gegeben, kann das zu einer verhängnisvollen Assoziation beim Kind führen. Das Kind macht nämlich dann die Erfahrung, immer nur auf diesem Weg Ruhe und Entspannung zu finden. Die orale Stimulation wird der bevorzugte Weg zur Problemlösung. Im späteren Alter wird dann bei Stress automatisch gegessen oder getrunken. Eine frühe Bahnung späterer Suchtprobleme kann stattfinden.

Stillen in der Nacht

Stillende Mütter sind in den ersten Wochen und Monaten auch nachts mehr gefordert, weil Neugeborene noch keinen regelmäßigen Rhythmus entwickelt haben. Etwa alle drei Stunden – die individuellen Unterschiede sind auch hier sehr groß – werden die Mütter zu Beginn von den Hungerlauten oder -schreien ihres Babys geweckt. Gegen Ende des ersten Vierteljahres lassen die meisten Babys von sich aus schon mindestens eine nächtliche Mahlzeit aus. Aus dieser kleinen Nachtpause wird später eine große.
Durch den höheren Sättigungsgrad der Fertignahrung schlafen Flaschenbabys bereits früher längere Zeit durch. Das Hunger-Schreien kommt also seltener vor. Das mehrfache nächtliche Aufstehen, um dem Baby eine Flasche zu machen, bleibt den Eltern in den ersten Wochen trotzdem nicht erspart.
Stillende Mütter, die ihr Baby im Elternbett schlafen lassen oder zumindest in Armreichweite, sparen sich das mehrfache Aufstehen in der Nacht und schonen ihren Kreislauf. Viele Mütter erzählen, dass sie mit der Zeit kaum noch

richtig aufgewacht sind, sondern sich lediglich im Halbschlaf in Stillposition gebracht haben, um bald darauf wieder richtig einzuschlafen. Liegen Mutter und Kind bereits einander zugewandt, kann es sogar vorkommen, dass die Mutter gar nicht aufwacht, während der ältere Säugling ihre Brust sucht und seinen Hunger selbständig stillt.

➤ *Hunger und Aufwachzeiten sind nicht automatisch aneinander gekoppelt.*

Früher hat man geglaubt, jedes Mal wenn ein Baby aufwacht und schreit, tut es das, weil es Hunger hat. Inzwischen weiß man, dass Hunger und Aufwachzeiten nicht automatisch aneinander gekoppelt sind. Nicht jedes Mal, wenn Ihr Baby nachts aufwacht, hat es auch Hunger. Auch hier ist eine Differenzierung der Bedürfnisse nötig.

Schreien und Schlafen

Nach der Geburt ist alles anders. Das trifft sicher in besonderem Maße auf den Lebens-Rhythmus, insbesondere den Schlaf-Wach-Rhythmus der Eltern zu. Die innere Uhr ihres Babys tickt nämlich noch anders. Ein am Tag-Nacht-Schema der Außenwelt orientierter Wechsel zwischen langen Wach- bzw. langen Schlafphasen muss sich erst noch entwickeln. Eine erste Basis für einen 24-Stunden-Rhythmus ist jedoch von Anfang an da. Neugeborene schlafen bereits nachts doppelt soviel wie tagsüber. Der Nachtschlaf wird aber durch viele Wachepisoden unterbrochen, und am Tag finden viele Schläfchen statt. Auf dem Weg zu einem echten 24-Stunden-Rhythmus zeigen sich Rhythmen in kleineren Einheiten, in denen sich Wachen und Schlafen abwechseln. Diese liegen im Bereich zwischen zwei und acht Stunden. Sie können von Baby zu Baby variieren, aber bei jedem Einzelnen selbst sind diese kleinen Schlaf-Wach-Rhythmen relativ konstant. Häufig findet sich ein Drei-Stunden-Rhythmus, der mit einem entsprechenden Still-Rhythmus einhergehen kann, aber nicht muss.

Wie können Sie Ihr Baby auf dem Weg zu einem Tag-Nacht-Rhythmus unterstützen?

➤ *Soziale Signale sind die wichtigsten Zeitgeber für Säuglinge.*

Die Entwicklung von den kleinen Rhythmen zum großen Rhythmus ist eine der ersten großen Aufgaben für Ihr Kind. Die Entwicklungs-Schritte sind weitgehend genetisch vorgegeben und beruhen auf einem zunehmenden Wachstum und einer zunehmenden Ausdifferenzierung des Gehirns. Dieser Reifungs-Prozess vollzieht sich wie viele andere auch bei jedem Kind in einem eigenen Entwicklungs-Tempo. Die Reifung dieser inneren Uhr können Sie als Eltern nicht beeinflussen. Jedoch

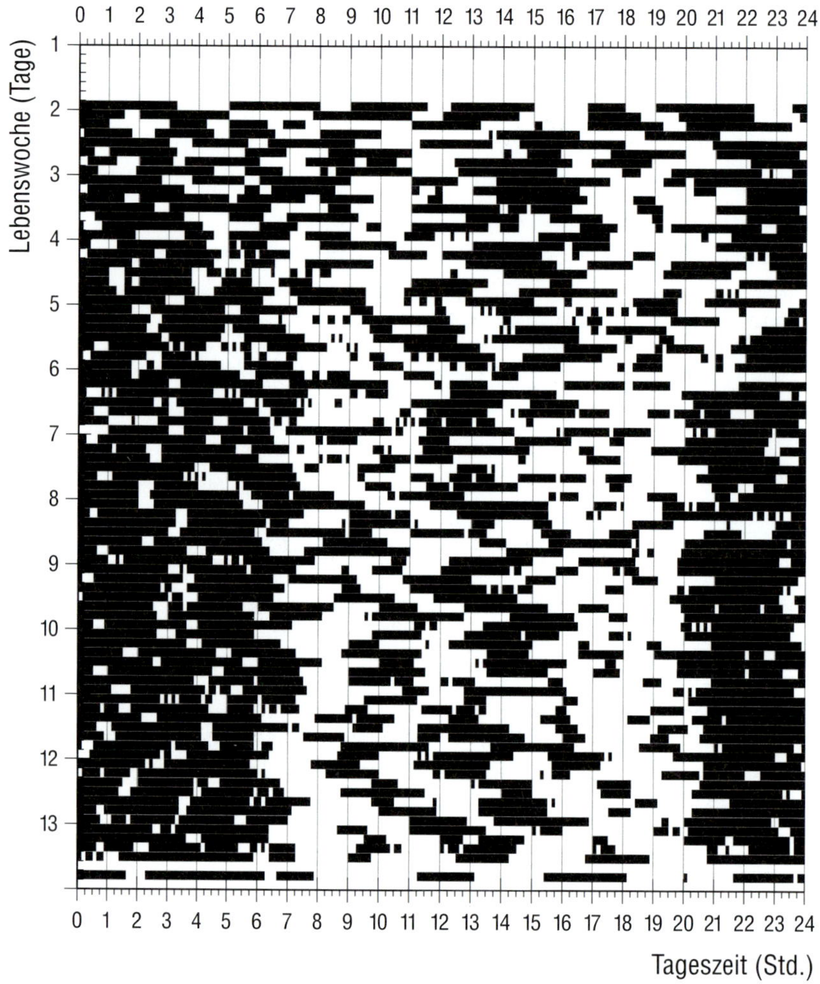

Abbildung 8: Beispiel eines Schlaf-Wach-Rhythmus während der ersten 13 Lebenswochen. Schlafepisoden (schwarze Balken) und Wachepisoden (weiße Balken) werden zunehmend weniger unterbrochen
(Quelle: Daten aus der Freiburger Säuglingsstudie. In: Bensel, 2003)

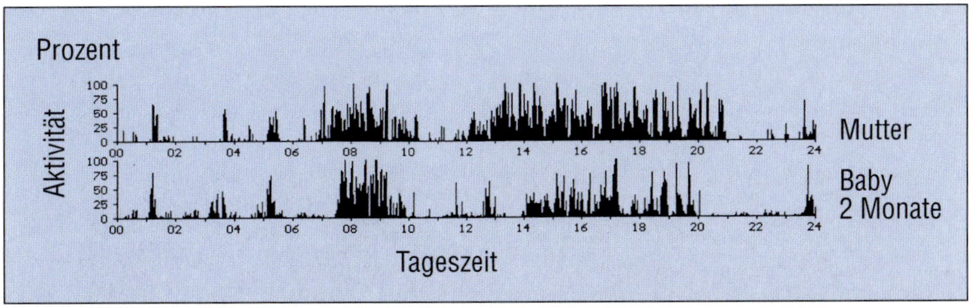

Abbildung 9 a: Aktivitätsmuster einer Mutter und ihres zwei Monate alten Babys über 24 Stunden. Die Höhe der Säulen steht für die Stärke der motorischen Aktivität. Sie sehen die hohe Synchronisation zwischen Mutter und Kind. Selbst nachts werden Mutter und Baby gleichzeitig (zum Stillen) aktiv und schlafen zeitgleich wieder ein.

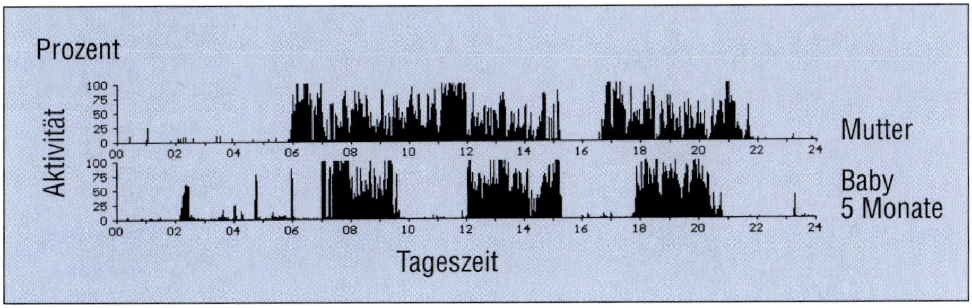

Abbildung 9 b: Aktivitätsmuster einer Mutter und ihres fünf Monate alten Babys. Sie sehen, dass das ältere Baby inzwischen nachts allein aktiv wird, an der Brust der meist schlafenden Mutter trinkt und von selbst wieder einschläft.
(Quelle: Sigmund et al., 1996)

stellt sich jede innere Uhr mit der Zeit auf sogenannte „äußere Zeitgeber“ ein. Und damit kommen Sie ins Spiel.
Der wichtigste Zeitgeber für Säuglinge ist nicht etwa der Hell-Dunkel-Wechsel, also das Sonnenlicht, sondern soziale Signale. Das Neugeborene hat einen angeborenen Drang, sich dem Aktivitäts-Rhythmus seiner sozialen Umwelt, insbesondere seiner Hauptbezugsperson – also meist der Mutter – anzupassen.

Natürlich ist das nächtliche Aufwachen durch das Baby bestimmt, und am Anfang passt sich die Mutter daran an. Aber indem sie die nächtlichen Interaktionen mit dem Baby möglichst kurz hält und auf das Nötigste (Beruhigen, gegebenenfalls Stillen) beschränkt, macht sie dem Baby und seiner inneren Uhr den Unterschied zum Tag deutlich. Jetzt wird nicht gespielt, die Nacht wird nicht zum Tag gemacht. Tagsüber ist für längere Blickwechsel, Kommunikation und Spiele der richtige Zeitpunkt. Auch sollte umgekehrt der Tag nicht zur Nacht gemacht werden. Sie brauchen nicht alles abzudunkeln, umherzuschleichen und zu flüstern, wenn Ihr Baby tagsüber schläft. Im Gegenteil: Wenn es durch die Umgebungs-Geräusche unterbewusst mitbekommt, dass es nicht allein ist, kann es beruhigter schlafen.
Auch wiederkehrende Rituale am Tag erleichtern es dem Baby, sich zu orientieren, Abläufe voraussagen zu können und sich dadurch geborgen zu fühlen. Routine-Abläufe, an denen der Säugling seinen Rhythmus mit der Zeit ausrichten kann, sind zum Beispiel: Nach der Morgenmahlzeit spielen, ein regelmäßiger Vormittags- und/oder Nachmittags-Spaziergang, ein Bad oder eine Streichelmassage am Abend.

Wie viel Schlaf?

Neugeborene brauchen mehr Schlaf als ältere Säuglinge – und die wiederum mehr als Kleinkinder. Das Schlafbedürfnis nimmt mit zunehmendem Alter ab. Es geht jedoch nicht um das durchschnittliche Schlafbedürfnis von Säuglingen, sondern um den individuellen Schlafbedarf. Es gibt eine große Bandbreite zwischen Wenigschläfern (weniger als 11 Stunden) und Vielschläfern (bis zu 17 Stunden).
Ein Kind kann nur so viel schlafen, wie es seinem individuellen Schlafbedarf entspricht. Den Ihres Kindes werden Sie als Eltern bald kennen lernen, ein Verhaltenstagebuch kann dabei sehr nützlich sein. Es hilft Ihnen, eine realistische Vorstellung davon zu entwickeln, wie viel Schlaf Ihr Kind tatsächlich braucht. Ein Wenigschläfer beispielsweise wird dagegen protestieren, mehrmals am Tag ins Bett gelegt zu werden und zudem nachts noch lange zu schlafen.

Achten Sie auf die Müdigkeits-Anzeichen Ihres Babys, wenn Sie es zum Schlafen hinlegen, und nicht auf die Uhr. Genauso wie es ein „Füttern nach Bedarf" gibt, lassen viele Eltern ihre Säuglinge zumindest tagsüber auch nach Bedarf schlafen und legen sie nicht nach einem willkürlichen selbst ausgedachten Schema ins Bettchen.
Über die ersten Monate nimmt die Schlafdauer am Tag ab (in den ersten drei Monaten beispielsweise von gut sechs auf knapp vier Stunden). Dabei verändert sich allerdings nicht die Anzahl der Schläfchen (etwa drei bis vier zwischen 9 und 19 Uhr) sondern nur deren Länge. Im Verlauf des ersten Lebensjahres reduziert sich die Anzahl der Tages-Schläfchen auf meist zwei. Eines davon, der klassische Mittags-Schlaf, hält sich bei vielen Kindern bis in die Kindergartenzeit.

Schrei-Episoden finden sich vor allem am Tag. Nächtliches Schreien ist ein seltenes Phänomen in den ersten Monaten. Wenn es bei älteren Säuglingen in der zweiten Hälfte des ersten Lebensjahres im Zusammenhang mit Schlafproblemen auftaucht, ist nicht mehr die *Dauer* des Schreiens das eigentliche Problem, sondern der die Eltern besonders belastende nächtliche *Zeitpunkt*.
An Tagen, an denen Babys sehr unruhig sind und viel schreien, schlafen sie tagsüber deutlich weniger. Diese Beobachtung, die viele Wissenschaftler genauso wie Eltern gemacht haben, kann zweierlei bedeuten:
- Weil die Babys so viel schreien, finden sie nicht in den Schlaf
- Weil sie nicht in den Schlaf finden, sind sie übermüdet und müssen schreien

Was trifft nun zu? Müdigkeit ist ganz sicher nicht der einzige Grund fürs Schreien. Aber auffällig ist, dass bei mehr als 36% aller Schreianfälle die Babys direkt danach einschlafen, statt zu trinken, zu spielen oder einfach nur wach zu sein. Das Baby scheint in diesen Situationen einen Weg in den Schlaf gesucht zu haben. Zu Beginn hatte es diesen Weg noch nicht gefunden. Darum signalisierte es sein Missbehagen durch Schreien.

Einschlafen kann eine heikle Angelegenheit sein, besonders für ein unerfahrenes Neugeborenes. Auch wenn es müde ist, eignet sich nicht jeder Zeitpunkt gleichermaßen dazu. Es gibt einen Grundzyklus des Wechsels von Ruhe und Aktivität: Etwa alle 50 Minuten tritt ein Säugling von einer aktiveren in eine ruhigere Phase ein. Dann öffnet sich quasi ein „Tor zum Einschlafen". Ist diese Zeit verstrichen und das Kind über den optimalen Einschlaf-Zeitpunkt hinweg, wird es wieder aktiv und bleibt meist für weitere 50 Minuten oder ein Vielfaches davon wach – so lange, bis ein neues Einschlaf-Tor zum Einschlafen genutzt wird.
Außerhalb dieser bevorzugten Einschlaf-Zeiten ist der Versuch, ein Kind in den Schlaf zu bringen, weitaus schwerer, wenn nicht sogar unmöglich. Falls Sie die Anzeichen für das Einschlafen Ihres Babys und damit das Einschlaf-Tor verpasst haben, sollten Sie nicht mit Gewalt versuchen, Ihr übermüdetes Kind in den Schlaf zu bringen, sondern darauf vorbereitet sein, dass es nun fast wieder eine Stunde lang dauern wird, bis Ihr Kind wieder einschlafen *kann*.

Einschlafen, aber wo?

Es gibt viele Einschlaf-Varianten für ein Kind. An dem einen Ende des Spektrums finden wir das Einschlafen mit intensiver, auch körperlicher Hilfe durch die Eltern – am anderen Ende das Einschlafen des Säuglings ganz von allein. Nicht jede Praxis passt zu jedem Elternpaar und auch nicht zu jedem Kind.
Während das Schlafen des Babys im Elternzimmer in den ersten Monaten recht häufig ist (bei etwa der Hälfte aller Familien), ist das Schlafen im Elternbett in Deutschland recht selten (ca. 10 %).
In kaum einem Bereich finden sich weltweit so große Unterschiede. In zwei Dritteln aller menschlicher Kulturen ist das Familienbett die Regel – nicht nur in traditionalen Gesellschaften, sondern auch in Industrie-Nationen wie Japan. In den USA ist das Familienbett jedoch verpönt. Das ist die kulturelle Eigenheit einer Nation, die viel Wert auf frühe Autonomie legt. Manche Eltern lassen sich auch durch Berichte verunsichern, die das Familienbett als gefährlich für Säuglinge darstellen.

Angst vor einer Gefährdung des Babys sollte kein Grund sein, um mit ihm nicht das Bett zu teilen. Nächtliche Infrarot-Aufnahmen von Eltern und Kind im Familienbett haben gezeigt, dass die Eltern auch im Schlaf unbewusst darauf achten, sich nicht auf das Kind zu legen oder es zu überrollen. Eltern scheinen intuitiv darauf vorbereitet zu sein, speziell auf Berührungsreize ihres Kindes und auf nächtliche Lautäußerungen zu reagieren. Ein Kontaktlaut des Babys weckt die Mutter, aber ein vorbeifliegendes Flugzeug nicht.

Es hat sich auch gezeigt, dass Babys im Elternbett nachts weniger schreien, weil die Reaktion auf kindliche Signale schneller erfolgen kann. Dagegen wird das Baby im Kinderzimmer erst nach längerem lauten Schreien gehört. Entsprechend länger dauert es, das bereits stärker erregte Baby wieder zu beruhigen. Viele Eltern können auch ruhiger schlafen, wenn sie ihr Baby in Reichweite wissen und die beruhigenden Atemzüge und Schlaflaute mitbekommen. Dazu muss das Baby nicht unbedingt im Elternbett liegen. Man kann auch das Babybett ganz nah ans Elternbett stellen.

Übrigens: Die Angst vor sexueller Stimulation durch das Nebeneinanderliegen ist unbegründet. Körperliche Nähe (natürlich ohne sexuelle Tönung) fördert die Entwicklung des Kindes. Und in Bezug auf das Sexualleben der Eltern lassen sich ja durchaus Alternativen finden: Zu anderen Tageszeiten oder, wenn das Baby erkennbar im Tiefschlaf liegt.

Tipps und Hinweise

Ängste vorm Familienbett

Es sind ganz unterschiedliche Ängste, die Eltern daran hindern, ihr Baby mit ins Bett zu nehmen:

- Das Baby könnte von den Eltern erdrückt, überrollt werden
- Das Baby könnte in Erwachsenenkissen oder –bettzeug oder einer Lücke zwischen Matratze und Bettrahmen oder zwischen Bett und Wand ersticken
- Das Baby könnte sich in einem Bett mit Kopf- oder Fußteil aus Latten strangulieren
- Das Baby könnte überhitzt werden
- Das Baby könnte frühzeitig sexuell stimuliert werden
- Das Baby könnte das Sexualleben der Eltern stören
- Das Baby könnte den Schlaf der Eltern stören

Tipps und Hinweise

Sicher im Elternbett

Mit folgenden Maßnahmen können Sie die Sicherheit Ihres Babys im Elternbett erhöhen:

- Verwenden Sie kein Bett mit Kopf- oder Fußabschluss aus Stäben, zwischen denen zwar der Körper Ihres Babys, aber nicht der Kopf hindurchrutschen könnte.
- Verwenden Sie keine Matratzen, die nicht genau ins Bett passen, damit keine das Kind gefährdende Lücke entsteht. Auch sollte zwischen Bett und Wand keine größere Lücke sein.
- Verwenden Sie in Kindnähe oder für das Kind keine schweren Bettdecken, keine Kissen und keine weiche Unterlage.
- Verwenden Sie einen Säuglings-Schlafsack statt eines Federbettes oder einer großen Bettdecke, um eine Überwärmung zu vermeiden.
- Das Familienbett sollte allerdings für ein Baby tabu sein, wenn einer der Erwachsenen sedierende Medikamente oder Alkohol genommen hat und damit seine Wahrnehmungs- und Reaktionsfähigkeit stark herabgesetzt ist. Die mangelnde Bewegungskontrolle der Eltern kann dann das Kind gefährden.

Einschlafen, aber wie?

Babys bringen unterschiedliche Fähigkeiten mit, sich selbst zu beruhigen und ihr Verhalten zu regulieren. Das macht sich gerade beim Einschlafen bemerkbar. Einige Babys lassen sich problemlos in ihr Bettchen legen, wenn sie müde sind, und brauchen keine große Einschlafhilfe. Andere brauchen deutliche Signale der elterlichen Anwesenheit, um in den Schlaf zu finden. Viele Babys, die gestillt werden, schlafen am liebsten an der mütterlichen Brust ein. Das Saugen vorm Einschlafen dient dann der Beruhigung und nicht mehr der Nahrungsaufnahme. Milch muss dabei nicht fließen. Anderen Babys reicht es, wenn sie in den Armen der Eltern oder angekuschelt daneben liegen oder sanft geschaukelt werden.

Wenn Ihr Baby gewohnt ist, in Elternanwesenheit einzuschlafen, braucht es auch nachts Ihre Hilfe. Es geht nämlich davon aus, dass Sie die ganze Nacht in seiner Nähe verbringen werden. Selbst wenn es älter ist und keine Nachtmahlzeiten mehr braucht, kontrolliert es immer, wenn es nachts aufwacht, ob Sie da sind.

Jedes Kind wacht jede Nacht ein- bis

dreimal auf, wenn auch nur für wenige Minuten, bevor es weiterschläft. Diese spontanen Aufwachphasen sind ganz normaler Bestandteil der Wechsel von flacheren und tieferen Schlafphasen in der Nacht. Es gibt Babys, die so autonom sind, dass sie nach dem Aufwachen meist wieder allein einschlafen. Viele Eltern merken gar nichts davon. Anders als diese sogenannten „Selbstberuhiger" brauchen die „Zeichengeber" jedoch Ihre Hilfe, um wieder in den Schlaf zu finden. Die Hilfe sollte stufenweise angeboten werden. Auf eine kurze Lautgebung oder ein kurzes Quengeln sollte mit einer beruhigenden Versicherung der elterlichen Anwesenheit geantwortet werden. Dazu reicht häufig ein kurzer Beruhigungslaut der Eltern. Auf ein kurzes Fragesignal *„Seid Ihr noch da?"* folgt ein kurzes Antwortsignal *„Alles in Ordnung, wir sind bei Dir!"*. Reicht dem „Zeichengeber" die akustische Rückmeldung nicht, kann man das Baby berühren und streicheln, um es den Weg zurück in den Schlaf finden zu lassen.

➤ *Allein einschlafen lernt ein Kind erst frühestens mit sechs Monaten.*

Manchen Babys – vor allem, wenn sie älter sind – reicht weniger Elternnähe beim Einschlafen. Vater oder Mutter hält die Hand des Babys oder legt die Hand auf den Bauch, spricht vielleicht dabei mit beruhigender Stimme oder singt ein Schlaflied. Andere Babys stecken ihr Händchen in den Mund, um sich selbst zu beruhigen. Vor einem notorischen Daumenlutscher muss man deswegen keine Angst haben. Auch wegen Zahnschäden braucht man sich vor dem fünften Lebensjahr keine Gedanken zu machen. Der Vorteil beim Lutschen an den eigenen Fingern ist die Möglichkeit, sich nach Bedarf selbst zu regulieren: Auch wenn man nachts aufwacht, wird Mamas Brust, Papas Finger oder der Schnuller nicht benötigt. Die eigenen Finger sind immer zur Hand.

Im Laufe der letzten Jahrhunderte haben sich verschiedene Kulturtechniken entwickelt, um die elterliche Nähe beim Einschlafen nachzuahmen und damit teilweise oder ganz zu ersetzen. Die Babywiege imitiert das Getragenwerden, der Schnuller das Trostsaugen an der Brust, die Milchflasche das Gestilltwerden. Nichts spricht dagegen, diese Kulturtechniken einzusetzen, wenn einem Tragen, Stillen und körperliche Nähe einfach zuviel werden. Aber auch solche Ersatztechniken erfordern elterliche Anwesenheit und Aktivität – zum Bei-

Tipps und Hinweise

Von „Eulen“ und „Lerchen“

- Jedes Baby hat sein individuell festgelegtes Schlafbedürfnis.
- Vor allem Babys, die wenig Schlaf brauchen, sollten nicht ins Bett gelegt werden, bevor sie wirklich müde sind. Dem längsten Schlaf (also dem Nachtschlaf) sollte die längste Wachzeit vorangegangen sein. Schläft Ihr Kind also am späten Nachmittag beim Spaziergang oder im Auto ein, sollten Sie nicht erwarten, dass es zum üblichen Zeitpunkt abends müde sein wird. Geben Sie ihm ein, zwei Stunden mehr Zeit als üblich, wenn Sie merken, dass es nicht in den Schlaf findet.
- Schwierige Nachtschläfer sollten am Tag nur hingelegt werden, wenn sie wirklich müde sind, damit sie sich ihren Schlaf in der Nacht suchen.
- Beobachten Sie, ob Ihr Kind zu den „Eulen“ oder zu den „Lerchen“ gehört, und passen sie die Zubettgehzeiten dementsprechend an.
- „Eulen“ (Abendkinder) sind von ihrem angeborenen biologischen Rhythmus her abends noch lange munter und wollen am liebsten spät ins Bett, dafür schlafen sie morgens gern lang. Gönnen Sie

spiel, wenn die Flasche zubereitet und gehalten, der herausgefallene Schnuller wieder zurückgegeben oder die Wiege bewegt werden muss.

Durchschlafen

70% aller Babys schlafen mit drei Monaten nachts durch, das heißt nicht etwa von 21 Uhr bis 8 Uhr am Stück, aber immerhin sechs bis acht Stunden. Das bedeutet aber auch: 30% wachen noch häufig nachts auf und können ohne Zutun von außen nicht wieder einschlafen. Nach dem 6. Monat sind das immerhin noch 12%. Stillbabys und solche, die es gewohnt sind, mit Elternhilfe einzuschlafen, sind dabei häufiger vertreten.

Traditionale Gesellschaften stehen diesem Schlafmuster gelassen gegenüber, obwohl die Häufigkeit des nächtlichen Erwachens weitaus höher sein kann. So schlafen etwa die Babys im ländlichen Kenia mit acht Monaten nachts nie länger als vier bis fünf Stunden am Stück, bevor sie ihren Nachtschlaf unterbrechen. Dieses dort übliche Schlafmuster des nächtlichen „Zeichengebens“ würde in westlichen Kulturen schnell zu dem Etikett „Problemschläfer“ führen.

Für immerhin ein Fünftel bis ein Drittel der Eltern ist das nächtliche Gewecktwerden ein leichtes bis schwieriges Problem. Es kann die ganze Familie belasten – vor allem, wenn die Eltern selbst nicht mehr einschlafen können. Wenn aber die Eltern ihr aufgewachtes und schreiendes Kind nur deswegen in ihr Elternbett holen, weil sie sich nicht anders zu helfen wissen, dann kann das die Schlafprobleme noch verschlimmern. Schlafen im Elternbett kann nur funktionieren, wenn es alle genießen – nicht als Notfall-Strategie.

ihm eine längere abendliche Aktivitätsperiode – eine Chance auch für den berufstätigen Elternteil, abends noch Spielzeit mit seinem Kind verbringen zu können.

- „Lerchen" sind abends früh müde, morgens jedoch genauso früh putzmunter. Vermeiden sie es, Morgenkinder morgens mit Druck im Bett halten zu wollen, um selbst länger schlafen zu können.
- Sollten Sie selbst zu den „Eulen" gehören, versuchen Sie abends ein bisschen früher ins Bett zu kommen, um am nächsten Morgen nicht von der bereits munteren „Lerche" überfordert zu werden. Oder wechseln Sie sich – wenn möglich – beim Morgenprogramm mit Ihrem Partner ab.

Die Theorie der „Einschlaf-Assoziationen" geht davon aus, dass ein Baby sich merkt, unter welchen Umständen es eingeschlafen ist, und diese Bedingungen beim nächtlichen Aufwachen wiederhergestellt werden müssen, damit es schnell wieder einschlafen kann. Deswegen erwartet ein Säugling, der mit Schnuller oder Schmusetuch eingeschlafen ist, dass Schnuller oder Schmusetuch noch da sind, wenn er nachts aufwacht, damit er wieder in den Schlaf finden kann. Nach identischem Muster braucht der in körperlicher Elternnähe eingeschlafene Säugling beim nächtlichen Aufwachen wieder den Elternkontakt, um wieder einschlafen zu können.

➤ *70 % aller Babys schlafen mit drei Monaten nachts durch.*

Wichtiger Hinweis: Ein Kind kann frühestens im Alter von sechs Monaten lernen, allein einzuschlafen. Oft auch später, je nach seinem individuellen Entwicklungstempo. Vorher kann ein Baby sich nicht vorstellen, dass es die hinter der Tür verschwundene Mutter noch gibt und sie wiederkommen wird.

Beruhigung

In unserer Säuglingsstudie fragten wir die Eltern, auf welche Weise sie ihre nörgelnden und schreienden Babys zu beruhigen versuchten. Das Ergebnis war verblüffend. Selbst nachdem wir sehr ähnliche Beruhigungsarten zusammengefasst hatten, blieben noch fast 80 verschiedene Methoden übrig. So verschieden die Beruhigungs-Versuche auf den ersten Blick auch ausschauen mögen, es stecken doch immer wieder ähnliche Muster dahinter:

- Körperkontakt und Stimulation des Gleichgewichts-Sinns
- Orale Stimulation/Nahrungsaufnahme
- Medikamente und homöopathische Mittel
- Wärme
- Vorsingen, Geschichten erzählen
- Spielerische Interaktion
- Reizreduktion
- Schlafzeremonien

Es ist überraschend und beruhigend zugleich, dass gezielte Maßnahmen gegen Verdauungs-Probleme im Alltag eine völlig untergeordnete Rolle spielen – auch wenn die meisten Eltern fälschlicherweise Blähungen hinter dem Quengeln ihres Kindes vermuten.

- **Katharina** (32 Jahre alt) berichtet: *„Ich dachte,* ***Jonas*** *habe Blähungen. Er überstreckte sich beim Schreien nach hinten, bekam einen roten Kopf, sein Bauch rumorte und er musste pupsen. Anfangs dachte ich, meine Ess-Gewohnheiten führten zu den Blähungen. Meine Hebamme verbot mir die meisten Nahrungsmittel. Wenn ich sündigte, hatte ich das Gefühl, dass es sich sofort rächte. Meine Kinderärztin empfahl mir aber, alles zu essen, was ich wollte. Danach ging es besser.“*

Die meisten Maßnahmen zielen auf die Befriedigung der vier Grundbedürfnisse des Babys:

- **Kontakt**
- **Nahrung**
- **Schlaf**
- **Anregung**

Die Kunst der Beruhigung liegt darin, zur richtigen Zeit das richtige Bedürfnis zu erkennen.

Das Grundbedürfnis Nr. 1: Kontakt

Der menschliche Säugling ist ein extrem schutzbedürftiges Lebewesen. Das hängt mit seinem vorgezogenen Geburtstermin und mit seiner Traglings-Natur zusammen. Er ist wie seine nächsten Verwandten unter den Primaten biologisch daran angepasst, die erste Zeit seines Lebens in engem körperlichen Kontakt mit seinen Bezugspersonen zu verbringen. Dieses Grundbedürfnis hat sich vor vielen Millionen Jahren entwickelt, als es sehr gefährlich für ein Neugeborenes war, zu weit entfernt von den schutzgebenden Bezugspersonen zu sein. Abwesenheit von Bezugspersonen ist für ein Baby daher auch heute noch beunruhigend. Und je länger die Anwesenheits-Signale ausbleiben, desto mehr steigt das Kontaktbedürfnis des Kindes – bis es schließlich anfängt zu schreien, um den Kontakt wiederherzustellen.

Welche Anwesenheits-Signale vermitteln Ihrem Kind das Gefühl, geborgen zu sein? Körperliche Nähe – der Haut-Sinn ist das stärkste Signal der beruhigenden Anwesenheit. Ob das Signal beim Halten im Arm, beim Streicheln oder durch eine Massage vermittelt wird, ist unwichtig. Natürlich können sich mit der Zeit individuelle Vorlieben des Körperkontakts entwickeln, die Sie und Ihr Kind als besonders angenehm empfinden.

Beim Körperkontakt spielt das Trost-Saugen an der mütterlichen Brust für Säuglinge noch eine ganz besondere Rolle und wird von manchen Eltern nach einer Weile durch das Nuckeln am Schnuller zumindest zeitweise ersetzt. In manchen Familien hat sich der Finger der Eltern als Saugersatz etabliert.

In jedem Fall ist es wichtig, keinen starren Beruhigungs-Automatismus einzurichten, nach dem Prinzip: *„Baby schreit, Schnuller rein"*. Genauso wenig, wie Stillen immer die einzige und richtige Reaktion auf kindliche Unruhe und Quengeln ist, kann es der Schnuller sein. Vielleicht möchte Ihr Baby gerade mit Ihnen kommunizieren und langweilt sich – deswegen die Unruhe. Der Schnuller stellt es zwar auch in diesem Moment kurzfristig ruhig, aber befriedigt eben nicht seine Erwartung. Antworten auf das kindliche Schreien müssen so unterschiedlich sein wie die unterschiedlichen kindlichen Bedürfnisse, die ihm zugrunde liegen.

➤ *Richten Sie keinen starren Beruhigungs-Automatismus ein.*

Ihr Baby ist ein Tragling

Hin und her, auf und ab bewegt zu werden, vermittelt Ihrem Baby über sein Gleichgewichts-Organ im Innenohr, dass es nicht allein ist. Es kennt diese Form der Anregung bereits aus dem Mutterleib. Auch wenn der Erwachsene mit dem Baby umherläuft, etwa bei einem Spaziergang, findet diese Anregung statt – natürlich in Kombination mit Geräuschen und Bildern, die das Baby gleichzeitig wahrnimmt. Im Gegensatz zum Körperkontakt kann das Schaukeln nicht nur beruhigend, sondern auch anregend wirken – je nach aktuellem Aktivitäts-Zustand. Ist das Baby müde, schläft es gleich ein. Ist es wach, wird es angeregt.

Babys, die viel von ihren Eltern getragen werden, verbringen mehr Zeit im aufmerksamen Wachzustand als andere Babys. Sie sind in dieser Zeit wacher, aufmerksamer und bekommen mehr von ihrer Umwelt mit. Der menschliche Säugling ist ein Tragling – und im Tragetuch oder Tragebeutel kann er stundenlang in direktem Körperkontakt mit seinen Eltern verbringen und gleichzeitig angeregt seine Umwelt wahrnehmen. Schließlich sieht er auch mehr als im Kinderwagen, wo er nur einen Teilausschnitt seiner Umgebung aus der Froschperspektive wahrnehmen kann.

Bisweilen geäußerte Ängste vor kindlichen Hüftschäden durch das Tragen sind nachweislich unbegründet. Im Gegenteil: Babys, die viel in geeigneten Tragehilfen getragen werden, die den optimalen Sitz – zum Beispiel auf der elterlichen Hüfte – gewährleisten, entwickeln sogar seltener Hüftprobleme.
Tragen kann Unruhe vorbeugen. Babys, die mehr als üblich in Tragehilfen am Leib der Mutter verbringen, sind ruhiger als ihre Altersgenossen und zeigen noch nicht einmal den berühmten Schreigipfel im zweiten Monat.
Tragen lässt sich jedoch nicht wie ein Medikament verordnen, das nach „Einnahme" zu der gewünschten Wirkung führt. Es macht für Kind und Eltern nämlich einen Unterschied, ob das Baby wie selbstverständlich mehrere Stunden am Tag in der Tragehilfe im Elternkontakt verbringt und beide die Nähe genießen – oder ob verzweifelte, übermüdete Eltern am Abend oder in der Nacht mit ihrem Kind auf dem Arm stundenlang den Flur auf und ab laufen, um ihr Baby endlich zur Ruhe und zum Schlafen zu bringen.
Ein Kind spürt die Anspannung der Eltern, die ihr Kind momentan eigentlich gar nicht so nah bei sich haben wollen. Auch wenn das Tragen den Eltern körperlich zu anstrengend wird, ist beiden Seiten – Eltern und Kind – mehr damit geholfen, das Tragen zu lassen und einen anderen Weg zu finden, um einander nah sein zu können.
Wiegen unterstützt den Beruhigungs-Effekt des Körper-Kontaktes. Nicht jedes Wiegen führt jedoch zum gleichen Ergebnis: Während kontinuierliches Schaukeln in der Waagerechten dem müden Baby beim Einschlafen hilft, sorgt unregelmäßiges Schaukeln eher für wache Aufmerksamkeit. Das dürfte der Grund dafür sein, dass Babys, die häufig getragen werden, munterer sind und weniger Zeit am Tag mit Schlafen (und Schreien) verbringen als andere Babys.

➤ *Nicht jedes Wiegen führt zum gleichen Ergebnis.*

Schaukeln und Wiegen haben übrigens nichts mit Schütteln zu tun. Auf keinen Fall sollte man sein Baby schütteln. Das führt vielleicht in der ersten Schrecksekunde dazu, dass das Kind still ist – aber auch nur leichte Schüttelbewegungen können zu Hirnschädigungen und zum Atemstillstand führen.

Nicht immer ist Stimulation richtig

Ein Baby will aber nicht immer getragen sein. Gerade das abendliche Auf- und Ablaufen mit dem Kind kann paradoxerweise genau das Gegenteil des Gewünschten bewirken. Das Kind wird zwar durch die elterliche Anwesenheit beruhigt, wird aber gleichzeitig durch die unregelmäßige Senkrecht-Bewegung so „aufgeputscht", dass es am Eintritt in sein Schlaftor gehindert wird. Eine Wiege oder Hängematte, die gleichmäßig in Bewegung gesetzt wird, oder körperliche Nähe ohne Bewegung führen daher eher zum Erfolg.

Wir konnten Mütter beobachten, die bereits stundenlang bis zur völligen Erschöpfung mit ihrem Baby auf dem Arm auf einem Gymnastikball gehopst waren – ohne eine Chance auf eine nachhaltige Beruhigung. Sobald die Mutter aufhörte, fing ihr Baby wieder an zu schreien. Durch die starke Stimulation des Gleichgewichts-Organs war das Baby nicht wirklich beruhigt worden, sondern einfach durch die Reizintensität „erschlagen". Es war aus Benommenheit ruhig – nicht aus einer Bedürfnis-Befriedigung heraus.

Nach dem gleichen Prinzip funktionieren auch sogenannte „Babyberuhigungs-Maschinen": Vibrationsgeräte, die am Kinderbett angebracht werden, damit das Baby wie bei einer schnellen Autofahrt durchgeschüttelt wird. Gleichzeitig kann über einen Lautsprecher sogenanntes weißes Rauschen eingespielt werden, um die akustische Wahrnehmung zu dämpfen. Mit solchen Methoden wird dem älteren Säugling die Möglichkeit genommen, seine selbstregulatorischen Fähigkeiten zu entwickeln. Und der

Wissenschaft und Forschung

Weißes Rauschen

Weißes Rauschen umfasst den gesamten Frequenzbereich des hörbaren Schalls. Die Energie ist dabei gleichmäßig auf alle Frequenzabschnitte verteilt. Mit diesem maschinell erzeugbaren Geräusch werden wahrscheinlich alle sonstigen erregenden Umweltreize für ein Baby verdeckt, was zu einer Reizreduktion und Beruhigung führt. Jedes kontinuierliche oder rhythmische Geräusch scheint Quengeln und Schreien beim Baby zu reduzieren, was dazu führt, dass in manchen Familien Staubsauger, Waschmaschine oder Fön zur Beruhigung angeschaltet werden.

jüngere Säugling hat keine Chance zu lernen, dass er Eltern hat, die ihn auch ohne „Beruhigungs-Maschinen" beruhigen können.
Manche Eltern merken nach einiger Zeit der Erfahrung mit ihrem Baby selbst, dass sie es anfangs fälschlicherweise eher überreizen, statt es zu beruhigen.

- **Sylvia** (28 Jahre alt) erinnert sich: *„Früher habe ich **Rebecca** gehalten, getragen, bin mit ihr auf dem Ball gehüpft, hab' sie mir auf den Bauch gelegt und gewackelt oder hab' sie im Fliegergriff herumgetragen. Heute nehme ich sie auf den Arm, geh' mit ihr in einen ruhigen Raum und versuche, so wenig Reize wie möglich auf sie einwirken zu lassen."*

Tipps und Hinweise

Einwickeln

In vielen südlichen Ländern, aber zum Beispiel auch in Russland, ist es üblich, Säuglinge von Geburt an stundenlang – manchmal sogar tagelang – fest in Tücher oder Wickelbänder einzuwickeln, um sie ruhig zu stellen. Das führt zwar – wie in einer Zwangsjacke – zwangsläufig zu einer Beruhigung, weil es die Rückmeldung der Eigenbewegung unterbindet und damit das Erregungs-Niveau senkt. Aber es raubt dem Baby jegliche Bewegungs-Freiheit. Und gerade die braucht es, um ein eigenes, variantenreiches Körpergefühl zu entwickeln, das wichtig für seine Gesamtentwicklung ist.

Reizreduktion ist wichtig, wenn Ihr Baby am Tag bereits viele Dinge aufgenommen hat – neue Geräusche, Stimmen, Gesichter und Gerüche, die erst mal verarbeitet werden müssen, bevor es auf neue Sinnessuche gehen kann. Reizreduktion bedeutet aber nicht eine geräuschlose Umgebung ohne Anwesenheit der Bezugsperson – das wirkt eher ängstigend als entspannend.

➤ Nicht überreizen, sondern beruhigen.

Manche Kinder sind schnell erschöpft, andere blühen nach dem dritten Besuch am Tag erst richtig auf. Das hat mit dem Temperament des Kindes zu tun und ist kaum beeinflussbar. Wichtig ist zu merken, wann die individuelle Grenze erreicht ist, und sich dann rechtzeitig mit dem Baby zurückzuziehen.

Weitere Anwesenheits-Signale

Die Stimmen der Eltern sind weitere Anwesenheits-Signale, die auf das Baby beruhigend wirken. Manchmal reicht ein sanftes Ansprechen, Vorsingen oder Summen bereits aus, um das Baby zu beruhigen. Vor allem, wenn es gerade beim Einschlafen ist oder nach dem nächtlichen Aufwachen wieder einschlafen will, aber dazu Ihre Hilfe braucht. Intuitiv sprechen wir langsamer, wiederholen unsere Worte und lassen die Tonhöhe zum Ende hin abfallen.
Ein sehr wirkungsvolles Beruhigungsmittel kann ein warmes (Fuß-)bad sein. Die Wärme und vielleicht sogar die Erinnerung an die vorgeburtliche Umgebung werden hier wirksam.
Sie haben gesehen, dass Ihr Baby über viele Sinneskanäle Signale Ihrer Anwesenheit erhalten kann. Über die Haut, sein Gleichgewichtsorgan, seine Ohren, seine Augen, seine Nase. Manchmal reicht ein Wahrnehmungs-Kanal aus, damit es sich beruhigt – manchmal braucht es mehrere oder sogar alle. Jedes Baby hat seine speziellen Vorlieben, die Sie mit der Zeit kennen lernen werden. Es gewöhnt sich schnell an seine typischen Beruhigungs-Formen und erwartet, in der nächsten Unruhephase wieder auf die gleiche Weise beruhigt zu werden. Manchmal sind es bestimmte Körperhaltungen, wie die Fliegerposition, bei der es sofort verstummt.
Rituale werden früh erworben. Manche Babys lassen sich durch sanfte Musik beruhigen oder durch Geräusche, die auch im Mutterleib zu hören sind, zum Beispiel der typische mütterliche Herzschlag-Rhythmus. Letztlich sind die meisten Babys in den allermeisten Fällen beruhigbar. Nicht immer ist aber die Umgebung in der Lage, die manchmal sehr zeitintensiven und aufwändigen Beruhigungs-Maßnahmen durchzuführen.

Unterschiedliches Kontakt-Bedürfnis

Das Kontakt-Bedürfnis von Babys und damit der Wunsch nach schwächeren oder stärkeren Anwesenheits-Signalen seiner Bezugspersonen ist unterschiedlich groß. Manche Babys wachen beispielsweise auf und beschäftigen sich eine Weile allein, bevor sie nach den Eltern „rufen", andere melden sich sofort nach dem Aufwachen zurück. Manche Babys werden von den Eltern deshalb als unruhig beschrieben, weil sie nach jedem Ablegen anfangen zu protestieren. Sobald sie wieder aufgenommen werden, sind sie wieder still und zufrieden. Worauf die Mütter einen erneuten Ablege-Versuch starten – und so weiter und so fort.

In diesen Fällen liegt eigentlich kein Schrei- oder Regulations-Problem vor, sondern eine Diskrepanz zwischen elterlichem Wunsch nach früher kindlicher Selbständigkeit und dem kindlichen Wunsch nach häufiger körperlicher Nähe. Wird der Mutter das kindliche Nähebedürfnis zuviel, sollte rechtzeitig nach Entlastung bei Partner und Familie gesucht werden. Auf keinen Fall sollten Sie versuchen, Ihr Kind „zur Selbständigkeit zu erziehen" – nach dem Motto: *„Man darf sein Kind nicht zu sehr verwöhnen!"*

Schreien:
Prompt reagieren ist meist am wirksamsten

Schreien ist ein Signal. Wir wissen zwar nicht immer, welche Detail-Botschaft dahinter steckt, aber eine generelle Botschaft hat es immer: *„Kümmere Dich um mich, mir fehlt was!"*.

> ***➤ Schreien ist ein Signal: „Kümmere Dich um mich! Mir fehlt was!"***

Viele Studien an wenige Monate alten Babys haben gezeigt, dass eine schnelle Reaktion auf das Geschrei erfolgreicher ist als eine verzögerte oder ausbleibende Reaktion. Für ältere Säuglinge über sechs Monate – insbesondere in der Einschlafsituation – kann auch eine abwartende Reaktion angebracht sein, wenn Ihr Kind lernen soll, allein einzuschlafen.

Wenn Ihr Baby tagsüber schreit und Sie sofort zu Ihrem Baby gehen, schreit es halb so viel, als wenn Sie es fünf Minuten oder länger schreien lassen. Wenn Sie es sofort auf den Arm nehmen (falls es nicht gerade am Einschlafen ist), schreit es sogar nur ein Drittel der Zeit, als wenn Sie sein Schreien ignorieren würden.

Das alles bedeutet nicht, dass es nach Einsetzen der Unruhe bei Ihrem Baby auf jede Sekunde ankommt. Es gibt sogar Situationen, in denen es durchaus sinnvoll ist, vor allem dem älteren Baby die Chance zu geben, sich selbst zu regulieren oder seine Signale noch deutlicher zu senden. Möchte ein Säugling etwa seinen im Halbschlaf abgegebenen Kontaktlaut durch ein beruhigendes Anwesenheits-Signal seiner Eltern beantwortet haben, um daraufhin von selbst wieder in ein tieferes Schlaf-Stadium zu wechseln, so wird ihn ein promptes Aufnehmen in diesem Fall nicht beruhigen, sondern aufwecken.

Das heißt nicht, dass „stundenlanges Ausschreien lassen" zum Erfolg führt. Es kann das Gefühl „erlernter Hilflosigkeit" auslösen, das dann zu Resignation und einer allgemeinen Dämpfung seiner Verhaltens-Äußerungen führt. Am wirksamsten ist es, je nach Situation zu entscheiden, auf welches Schreien wie reagiert werden muss – und das dann prompt zu tun.

Eine sichere Bindung zu den Eltern beginnt mit deren Verlässlichkeit. Das heißt: Ihr Baby lernt mit der Zeit, sich darauf verlassen zu können, dass ihm schnell und vorhersehbar geholfen wird, wenn es seine Bedürfnisse nach Kontakt, Nahrung, Schlaf und Anregung kundtut. Dieses Vertrauen gibt ihm die Sicherheit, seine Umwelt neugierig und angstfrei zu erkunden. Unsicherheit und Angst blockieren dagegen Neugier und Spiel.

Instrumentales Schreien beim älteren Baby

Ihr Baby kann nicht nur quengeln oder schreien, um seine Bedürfnisse zu signalisieren. Es hat ein angeborenes Laut-Repertoire und eine Körpersprache, die man mit der Zeit immer besser verstehen kann. Bevor es zum Schreien kommt, sendet es subtilere Signale, die Sie als Frühwarnsystem nutzen können. Es lohnt sich, bereits auf solche Zeichen zu achten und zu reagieren.

Wenn Sie Ihrem Baby immer erst dann Ihre Aufmerksamkeit schenken, wenn es lautstark protestiert, kann ein verhängnisvoller Lernprozess in Gang kommen. Ihr Baby lernt: *„Nur wenn ich schreie, finde ich Gehör“* und schreit fortan bei jedem Bedürfnis gleich los, ohne es vorher sanfter anzukündigen. Es hat gelernt, dass nur Schreien effektiv ist. Sobald sein Ziel erreicht ist, hört es sofort auf zu schreien.

➤ Kein Baby schreit, um seine Eltern zu tyrannisieren.

Dieses sogenannte instrumentale Schreien kann ein Baby aber erst zwischen 3½ und sechs Monaten lernen. Ab diesem Zeitpunkt ist es in der Lage, die Lautstärke seines Schreiens willkürlich zu regulieren – je nach dem, ob jemand kommt oder nicht. Aber auch ein älteres Baby schreit natürlich nicht, um seine Eltern zu tyrannisieren oder zu ärgern – sondern weil es ein echtes Bedürfnis hat, zum Beispiel nach Körperkontakt oder spielerischer Interaktion. Es ist keine Boshaftigkeit, die es zum Schreien treibt – es weiß sich einfach nicht anders zu helfen.

Natürlich ist ein Baby mit sechs Monaten bereits alt genug, um seine Bedürfnisse auch mal aufschieben zu können – zum Beispiel, wenn sein Geschwisterkind gerade Hilfe beim Anziehen braucht oder die Eltern aus einem anderen Grund nicht sofort reagieren können. Wichtig für das Kind ist, dass es genug andere Situationen erlebt, bei denen auf seine Wünsche prompt, verlässlich und angemessen reagiert wird – dann kann es auch mal zurückstehen.

Schreien als Zivilisations-Erscheinung

Wenn wir Eltern traditionaler Gesellschaften – wie die !Kung in Südafrika, die Trobriander in Neu-Guinea oder die Kipsigis in Kenia – fragten, was in ihrer Sprache das Wort für Schreibabys ist, würden sie uns nur erstaunt anblicken und den Kopf schütteln. Schrei-Baby – dafür gibt es kein Wort in ihrer Sprache. Und wozu auch? Ein Baby, das viele Stunden am Tag schreit, ist dort unbekannt – auch Schreien, das länger als wenige Minuten anhält, ist kaum vorstellbar. Es sei denn, das Baby wäre ernsthaft krank. Wie kommt es, dass in Kulturen, die bei weitem nicht unseren medizinischen und technischen Standard haben, eine Auffälligkeit keine Rolle spielt, die bei uns im Säuglingsalter der häufigste Grund ist, den Kinderarzt aufzusuchen?
Der erste Unterschied begegnet uns beim Phänomen „Schreien“ selbst. Typischerweise betrachtet unsere westliche Kultur das Schreien als etwas, was der Säugling „hat“ – als Symptom einer Krankheit. In traditionalen Gesellschaften wird Schreien dagegen als etwas gesehen, was der Säugling „tut“, um seine Bezugspersonen damit auf ein Bedürfnis aufmerksam zu machen. Schreien als Signal verstanden macht deutlich, warum eine !Kung-Mutter oder ein Trobriand-Vater innerhalb weniger Sekunden auf das Schreien reagieren, indem sie ihr Baby aufnehmen, tragen oder stillen. Fast die Hälfte der englischen, holländischen oder amerikanischen Eltern lassen ihr Baby erst einmal bis zu 15 Minuten schreien, bevor sie reagieren.

➤ *Schreien ist ein wichtiges Signal in der Eltern-Kind-Verständigung.*

Die Betreuungs-Praktiken traditionaler und industrieller Gesellschaften unterscheiden sich von Geburt an in vielen Punkten fundamental (siehe Tabelle 1). Die Babys in traditionalen Gesellschaften werden oft gestillt, ohne Einhalten irgendwelcher Stillpläne, haben sehr viel Körperkontakt, werden häufig mit Tragetüchern herumgetragen und schlafen am Körper der Bezugsperson ein. Auch auf die Bedürfnisse der Mutter wird in vielerlei Hinsicht mehr einge-

Industrielle Gesellschaft	Traditionale Gesellschaft
Geburt	
Häufiger Einsatz technischer Hilfsmittel zur Geburt, häufig operative Entbindungen (Kaiserschnitt)	Unbeeinflusster Geburtsverlauf ohne technische Hilfsmittel, keine operativen Entbindungen
Vorwiegend passive Rolle der Gebärenden. Meist horizontale Gebärposition	Aktive Rolle der Gebärenden. Vertikale Gebärposition
Vorwiegend geburtstechnische Unterstützung. Vater meist anwesend	Soziale und emotionale Unterstützung durch weibliche Begleiterin (Doula). Vater nicht anwesend
Wochenbett	
Mutter und Kind zeitweilig in getrennten Räumen und Betten im Krankenhaus	Mutter und Kind immer gemeinsam in einem Raum (Rooming-in) und in einer Schlafstätte (Bedding-in)
Prä- und postnatale Situation der Frauen	
Entbindung und Wochenbett meist in unvertrauter Umgebung mit Unterstützung von Fremden	Entbindung und Wochenbett in bekannter Umgebung mit Unterstützung einer vertrauten Person
Wenig emotionale Unterstützung von Schwangeren und Wöchnerinnen, insbesondere keine Betonung der Reintegration nach der Entbindung in die soziale Umgebung	Rituale („rite de passage") für werdende Mütter, bestehend aus Trennung, Veränderung des Status und Wiedereingliederung in die soziale Umgebung
24-Stunden-Allein-Betreuung durch die Mutter häufig. Soziale Unterstützung meist schwach	Kind ist nur die Hälfte der Zeit bei der Mutter, die restliche Zeit bei erweitertem Bezugspersonen-Kreis (sog. „Allo-Mütter"). Starke soziale Unterstützung
Wenig oder keine Vorerfahrung von Erstgebärenden im Umgang mit Säuglingen und Kleinkindern	Ausreichend Vorerfahrung von Erstgebärenden im Umgang mit Säuglingen und Kleinkindern (hands-on-Erfahrung) durch Betreuung von Geschwisterkindern →

Industrielle Gesellschaft	Traditionale Gesellschaft
Rolle des Vaters	
Vater meist selten und oberflächlich einbezogen in die frühe Kindheit	Vater häufig und eng einbezogen in die frühe Kindheit
Körperkontakt und Responsivität	
Wenig Tragen und Körperkontakt des Säuglings	Viel Tragen (insbesondere in aufrechter Körperhaltung) und Körperkontakt des Säuglings
Verzögerte oder fehlende Beruhigung bei Schreien des Säuglings	Sofortige Beruhigung bei Schreien des Säuglings
Ersatzobjekte für elterliche Nähe häufig (Kuscheltier, Schmusetuch, Schnuller)	Keine Ersatzobjekte für elterliche Nähe
Fütterungspraxis	
Flaschenfütterung und/oder Brustfütterung	Brustfütterung
Frühes Abstillen	Spätes Abstillen
Geringe Stillfrequenz/ lange Stillpausen	Hohe Stillfrequenz/ kurze Stillpausen
Füttern nach Plan	Füttern nach Bedarf
Schlafregime	
Schlafen nach Plan	Schlafen nach Bedarf
Einschlafen meist ohne körperlichen Kontakt zur Bezugsperson	Einschlafen meist am Körper der Mutter (z. T. mit der Brustwarze im Mund)
Getrennte Schlafplätze, meist sogar getrennte Räume von Mutter und Kind	Gemeinsamer Schlafplatz von Mutter und Kind

Tabelle 1: Unterschiede in den Bedingungen für Mutter und Kind vor, während und nach der Geburt zwischen industriellen und traditionalen Gesellschaften

gangen als in westlichen Kulturen. Bereits auf dem Weg zur Mutterschaft erhält die Schwangere bedeutende Unterstützung durch die Sozialgruppe. Die Geburt selbst verläuft unter anderen Vorzeichen. Und in der Zeit danach ist die Mutter nur wichtigster Teil einer ganzen Betreuungs-Gemeinschaft und nicht die Alleinbetreuerin des Kindes. Das alles wirkt auf das Verhalten des Säuglings ein – auch auf das Schreien.

In der „Freiburger Säuglingsstudie" haben wir einige dieser Faktoren bei deutschen Familien untersucht und festgestellt, dass die Betreuungs-Praxis tatsächlich für einen Teil des Babyschreiens verantwortlich ist. Auch innerhalb unserer Kultur gibt es deutliche Unterschiede im Umgang mit Neugeborenen, die sich auf deren Verhalten auswirken. In einigen der untersuchten Familien wurden die Babys „ursprünglicher" (näher an ihrer Natur) betreut, dort schrieen die Babys auch weniger.

Unsere biologische Ausstattung, unsere angeborenen Bedürfnisse nach Nähe, Sicherheit und Geborgenheit haben sich in den wenigen Jahrtausenden Kulturgeschichte nicht geändert. Die Babys in unserem High-Tech-Zeitalter haben noch die

Entwicklungsgeschichte und Kultur

Verwöhnen und Selbständigkeit: kein Widerspruch

In manchen Ländern, wie den USA und den Niederlanden, gibt es einen Trend zu möglichst früher kindlicher Autonomie. Stark und unabhängig sollen die Kinder werden. Sie sollen möglichst früh möglichst viel allein bewältigen: allein einschlafen, allein im Kinderwagen liegen, sich allein beschäftigen. *„Don't spoil your baby!" – „Verwöhne Dein Baby nicht!"* ist ein pädagogischer Leitsatz vieler amerikanischer Eltern. Er bedeutet, sich nicht nach den Wünschen des Kindes zu richten, sondern nach den Zeitplänen der Erwachsenen. Füttern nach Plan, Schlafen nach Plan, sogar Spielen nach Plan sollen bewirken, dass ein Kind sich möglichst schnell dem Familienablauf anpasst und die Eltern nicht mit seinen chaotischen Bedürfnissen nach Nahrung, Trost, Schlaf und Anregung überfordert. Verwundert stellt man dann aber fest, dass die Babys mit Protest-Weinen und motorischer Unruhe reagieren. Und schon wird dieses normale Aufbegehren als „Störung" bezeichnet. So wird aus dem Erziehungsziel „Frühe Autonomie" häufig die

Erziehungs-Realität „Frühe Verunsicherung“.
Ein Blick auf die Erziehungs-Welten anderer Kulturen zeigt, dass eine körperlich und emotional enge Bindung zwischen Eltern und Kind in den ersten Jahren keine spätere Abhängigkeit zur Folge hat. Im Gegenteil: Sie ist die beste Voraussetzung für ein späteres angstfreies Erkunden und Entdecken der Welt. Selbständigkeit basiert auf zugewandter Nähe, Einbeziehung ins Familienleben und frühen Einblicken in Alltagsabläufe.
In einer Vergleichsstudie zwischen englischen bzw. amerikanischen Babys und solchen aus einer traditionalen Gesellschaft, den !Kung Südafrikas, zeigte *Mel Konner*, dass sich die !Kung-Babys – obwohl oder gerade weil sie am Anfang so viel Körperkontakt und andere Signale der Nähe erfahren haben – in vielen Bereichen schneller entwickelten. In ihrer sensomotorische Entwicklung – visuelles Verfolgen, gezieltes Greifen, Koordination von Sehen und Greifen – waren sie den amerikanischen Babys voraus. Mit zwei bis sechs Jahren entfernten sie sich beim Spielen deutlich weiter von ihren Müttern und mussten seltener von ihnen betreut werden als englische Kinder. Sie waren eindeutig selbständiger. Diese und andere Erkenntnisse haben ingleichen Bedürfnisse und Erwartungen an ihre Umwelt wie ihre „Vorgänger“ aus der Steinzeit.
Nur ältere Kinder und Erwachsene sind in der Lage, sich über ihre angeborenen Neigungen hinwegzusetzen. Ein Säugling kann nicht beschließen: *„Ab heute habe ich keinen Kontaktwunsch mehr“*. Er ist in seinem Verhalten und in seinen Motiven ursprünglich und kann sich nicht ohne weiteres an jedes von den Erwachsenen gewünschte Verhalten anpassen.
Deshalb kann es nicht das Ziel sein, das Schreien völlig zu beseitigen. Denn es ist ein wichtiges Signal in der Eltern-Kind-Verständigung. Aber wenn es sich verselbständigt und über Stunden andauert, verliert es seine Signalfunktion und wird zum stressvollen Bestandteil eines gereizten Familienklimas. Ziel ist es, das Schreien zu verstehen und in kommunikative Bahnen zu lenken.
Wichtig dabei ist eine natürliche Einstellung. Es geht darum, grundsätzlich die rein über den Verstand erzeugte Angst vor dem Verwöhnen des Säuglings zu verlieren, um ihn so zu betreuen, wie es unserer Intuition und seinen Bedürfnissen entspricht.

Die Angst vor dem Verwöhnen

zwischen auch in den USA zu einer pädagogischen Gegenströmung geführt, dem „Attachment Parenting“, das viel körperliche Nähe und eine hohe, am Bedarf des Babys ausgerichtete Antwort-Bereitschaft propagiert.

In manchen Familien – gerade bei jungen Eltern, die zum ersten Mal ein Baby haben – gibt es Ängste, im Umgang mit dem Säugling etwas falsch zu machen. Eine Angst, die häufig auftaucht, ist die, das Baby zu sehr zu verwöhnen. Gibt man viel körperliche Nähe, trägt das Kind viel am Körper, lässt das Baby im Elternbett schlafen, gibt ihm, so oft es möchte, die Brust – dann will es immer noch mehr. Diese Befürchtung könnte der Grund für diese Verwöhn-Angst sein. Ein grenzenloser Nimmersatt zeichnet sich am Horizont ab.

Speziell beim ersten Kind haben Eltern, vor allem Mütter, bereits kurz nach der Geburt deutlich gemerkt, dass freie Zeit ein knappes Gut geworden ist. Daher ist es verständlich, dass sie ihr Kind möglichst schnell selbständig machen wollen. Auch wünschen sich die Eltern, dass ihr Kind möglichst stark und unabhängig durchs Leben geht. Um diese Ziele zu erreichen, scheuen sich viele Eltern, ihr Kind „zu sehr zu verwöhnen“. Aber dadurch entziehen sie ihm genau die Nähe, Aufmerksamkeit und Zuwendung, die ein Kind gerade in frühester Kindheit braucht, um später selbstbewusst, stark und selbständig zu werden.

Ursprüngliche Betreuung bedeutet jedoch keineswegs stundenlanges Tragen und pausenloses Stillen bis zur Selbstaufgabe der eigenen Person rund um die Uhr. Wichtig für das Baby ist die Gegenwart von Bezugspersonen, die nicht nur bei Unruhe in der Lage sind, differenziert auf die jeweiligen Bedürfnisse des Babys zu reagieren. Der Säugling selbst kann durch gut gemeintes aber unpassendes Betreuungs-Verhalten daran gehindert werden, seine Selbstregulations-Fähigkeiten zu entwickeln, und ist frustriert, wenn er aus den unterschiedlichsten Motiven heraus quengelt und von den Eltern immer die gleichen Antworten bekommt – zum Beispiel Tragen oder Füttern.

Kapitel 1: Das Wichtigste in Kürze

- Die Ursachen des Schreiens lassen sich nicht am Klang erkennen, aber es handelt sich immer um eine Bedürfnisäußerung des Babys.
- Die Kunst der Beruhigung liegt darin, zur richtigen Zeit das jeweilige Grundbedürfnis des Babys nach Kontakt, Nahrung, Schlaf oder Anregung zu erkennen.
- Dem Baby stehen verschiedene Lautsignale zur Verfügung, um mit seinen Eltern ins Gespräch zu kommen. Wenn man sie versteht, kann man manche Schreiattacke von vornherein verhindern.
- Die tägliche Schreidauer eines Babys ist individuell sehr verschieden und hängt von der Tagesform und dem Entwicklungsalter ab. Nach dem dritten Monat nimmt das Schreien meist deutlich ab.
- Am Abend neigen alle Babys zu vermehrtem Schreien.
- Eine am kindlichen Bedarf orientierte Nahrungsgabe verringert das Schreien.
- Wenn man Babys den richtigen Tagesrhythmus und geeignete Einschlafhilfen bietet, lässt sich viel Schreien vermeiden.
- Schlafen im Elternbett kann das kindliche Schreien verringern.
- Die Eltern müssen lernen, wann ihr Baby Stimulation braucht – und wann eine Reduzierung der Außenreize.
- Promptes Reagieren auf das Schreien stoppt dieses am wirksamsten.
- Verwöhnen und Selbständigkeit sind kein Widerspruch. Gerade Kinder, die besonders viel Nähe, Aufmerksamkeit und Zuwendung in frühester Kindheit bekommen haben, sind später besonders selbstbewusst, stark und selbständig.

2

Miteinander sprechen

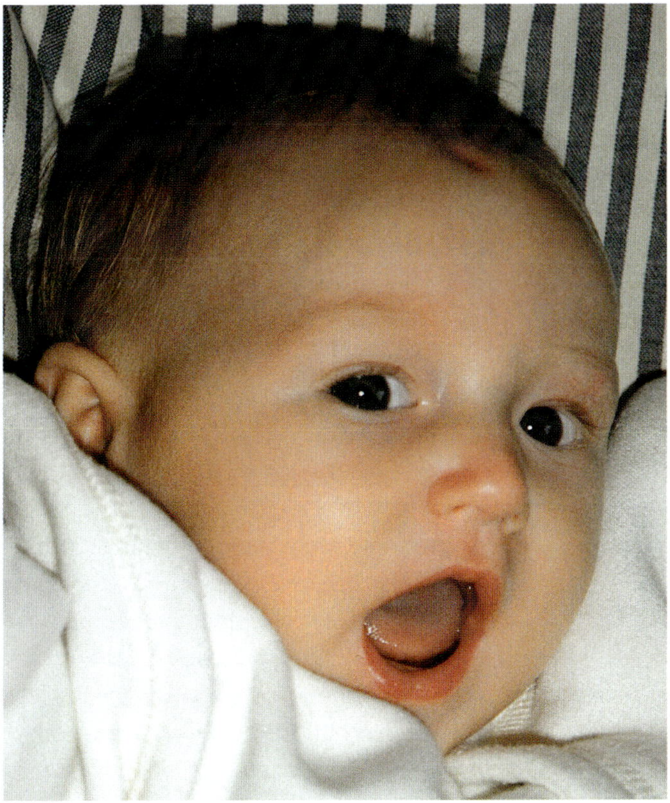

In diesem Kapitel erfahren Sie, …

- wie Sie herausfinden, ob Ihr Baby gerade gesprächsbereit ist
- was Sie tun können, um mit Ihrem Baby ins Gespräch zu kommen
- welche sozialen Fähigkeiten Ihr Baby bereits mit auf die Welt bringt
- welche intuitiven Fähigkeiten Sie als Eltern bereits haben
- was Sie selbst zu einer gelungenen Interaktion beitragen können

Ihr Baby – ein Reflexwesen?

Vor 50 Jahren hätte die Antwort der meisten Befragten auf diese Frage sicherlich *„Ja"* gelautet. Neugeborene galten als hirnrindenlose Reflexwesen, Reflexbündel oder Triebwesen, die nicht denken und kaum etwas wahrnehmen. Man dachte, nur aufgrund automatisch ablaufender Reflexe und viel Außensteuerung könnten sie in ihrem „dummen ersten Vierteljahr" überleben – kaum mehr als „lebendes Gemüse". Erst in den Sechzigerjahren des 20. Jahrhunderts begann die Forschung, den Säugling genauer zu betrachten und merkte, wie ignorant diese Erwachsenen-Perspektive gewesen war. Mit immer ausgeklügelteren Methoden konnte die Entwicklungs-Forschung beweisen, zu welch erstaunlichen Leistungen ein Neugeborenes bereits fähig ist. Und ein Ende der Entdeckungen neuer Säuglings-Kompetenzen ist noch nicht in Sicht.

➤ *Es lohnt sich, Ihr Baby von Anfang an ernst zu nehmen.*

Ich möchte Ihnen die Fähigkeiten Ihres Babys vorstellen, um zu zeigen, wie sehr es sich lohnt, Ihr Baby bereits von Anfang an ernst zu nehmen und ihm eine Umgebung zu bieten, in der es die Anregung findet, die es für seine Entwicklung braucht. Denn mangelnde soziale Anregung ist auch am Lebensanfang ein guter Grund zu quengeln. Wenn man sieht, was ein Baby schon alles kann und fühlt, lässt sich das Schreien leichter erklären und beenden.

Schon im Bauch der Mutter hat das Baby viele Fähigkeiten entwickelt und trainiert, die es nach der Geburt gut gebrauchen kann. Das Schmecken, Riechen, Hören, Tasten, der Gleichgewichts-Sinn und die eigene Körper-Wahrnehmung sind bei der Geburt voll funktionsfähig.

Auch visuelle Reize spielen für ein Baby von Anfang an ein große Rolle. Bereits in den ersten Minuten nach der Geburt nimmt das Baby Blickkontakt mit der Mutter auf. Es beobachtet sie genau, auch um sich ihr Gesicht einzuprägen. Schon einige Stunden nach der Geburt schaut es das Gesicht seiner Mutter länger an als das einer gleichzeitig präsentierten fremden Frau mit ähnlicher Haarfarbe und Frisur. Es erkennt seine Mutter bereits wieder. Wichtige

Erkennungs-Merkmale scheinen vor allem die Gesichts-Konturen und die Augen zu sein.

➤ Ihr Baby fühlt bereits von Anfang an. Seine Gefühle sind ihm ins Gesicht geschrieben.

Die Stimme seiner Mutter lernte das Baby bereits im Bauch kennen. Sie hilft ihm nach der Geburt, das Gesicht der auf bekannte Weise sprechenden Person richtig zuzuordnen. Mit der mütterlichen Stimme lernte es bereits den Klang seiner Muttersprache kennen und belohnt diese – wenn es auf der Welt ist – mit mehr Interesse als andere ihm angebotene Sprachen. Ein klares Zeichen, dass es sie wiedererkennt.
Auch den Geruch seiner Mutter lernt ein Baby bereits nach wenigen Lebensstunden. Es schnuppert lieber an Dingen, die nach Mutter riechen als nach einer fremden Frau. Parfümiert sich seine Mutter, ist es irritiert und braucht etwas länger, sie in der Duftwolke zu finden.
Und: Ihr Baby fühlt bereits von Anfang an. Seine Gefühle sind ihm ins Gesicht geschrieben. Es ist neugierig, überrascht oder ekelt sich, wenn es beispielsweise etwas Saures probiert. Mit vier bis sechs Wochen kann es seine Freude durch ein echtes Lächeln signalisieren. Trauer und Wut kommen mit drei bis vier Monaten hinzu, Furcht mit sechs bis acht Monaten. Im Laufe der ersten Monate lernt ein Kind auch, verschiedene Gesichts-Ausdrücke zu unterscheiden. Oft schaut es seine Mutter oder seinen Vater an. Und je nach gezeigter Mimik – zum Beispiel ermunternd-fröhlich oder ernst-missbilligend – macht es motiviert weiter oder stoppt sein Tun.

➤ Babys lernen besonders gut, wenn die Eltern bei ihnen sind, mit ihnen spielen und herumalbern.

Babys kommen bereits mit Erinnerungen an Stimmen und Geräusche auf die Welt – und sie lernen dauernd dazu. Wenn man ihnen ständig den gleichen Reiz anbietet – etwa einen bewegten Gegenstand oder ein bestimmtes Geräusch – fangen sie nach einer Weile an, sich zu langweilen. Sie drehen ihren Kopf von der Reizquelle weg und begeben sich auf die Suche nach etwas Neuem. Am meisten werden sie vom Anblick eines Gesichts und einer menschlichen Stimme gefesselt. Sie sind von

Anfang an soziale Wesen. Über ihre Bezugspersonen lernen sie die Welt und sich selbst kennen.
Babys lernen besonders gut, wenn die Eltern bei ihnen sind, mit ihnen spielen und herumalbern. Die interessantesten Reize gehen von Mutter und Vater aus, von ihren Augen, ihrem Mund, ihrer Haut. Am besten hört der Säugling in dem Frequenzbereich der menschlichen Stimme. Eltern steigern meist noch rein intuitiv die Aufmerksamkeit ihres Babys, indem sie mit ihm in der so genannten Babysprache reden. Dabei spiegeln sie oft noch das Verhalten des Babys: Sie ahmen seine Mimik und seine Laute nach, variieren sie leicht und vergrößern damit sein Interesse.

> **➤ Das Auftauchen des echten Lächelns im zweiten Lebensmonat ist ein Meilenstein in der Eltern-Kind-Beziehung.**

Wenn man das Schreien als das deutlichste Signal für Unwohlsein betrachtet, dann ist das Lächeln das sichtbarste Zeichen für kindliches Wohlbefinden. Vor allem die Augen der Bezugspersonen sind es, die beim Baby mit etwa vier bis sechs Wochen ein echtes, soziales Lächeln auslösen. Bis dahin lächelt das Baby sein „Engelslächeln“. Das heißt, es zieht seine Mundwinkel ohne äußeren Anlass, oft auch im Schlaf, nach oben. Mit fünf Monaten wird die Mundpartie der Bezugsperson besonders attraktiv. Im sechsten Monat werden nur noch freundliche Gesichter mit offenen Augen mit einem Lächeln belohnt. Einige Wochen darauf beginnt es, vertraute Personen zu bevorzugen, Fremde werden nicht mehr so schnell angelächelt.
Das Auftauchen des echten Lächelns im zweiten Lebensmonat ist ein Meilenstein in der Eltern-Kind-Beziehung. Vor allem Eltern von Erstgeborenen nehmen häufig erst jetzt ihr Baby als wirklich aktiv und lebendig wahr. Zuvor erscheint es manchen eher puppenhaft. Erfolgreiche Interaktionen zwischen Baby und Mutter bzw. Vater werden nun sichtbar belohnt. Mit dem Einsetzen des echten Lächelns beginnen die Schreizeiten des Babys kürzer zu werden.
Ihr Baby ist aber nicht immer zum Interagieren aufgelegt. Es kommt darauf an, in welchem Zustand es sich gerade befindet.

Wie ist mein Baby gerade drauf? Sein Kind „lesen“

Genauso wie ein Baby seine Bezugspersonen an Stimme, Geruch und Aussehen erkennen kann, erkennen auch die Bezugspersonen nach kurzer Zeit ihr Baby an den unterschiedlichsten Charakteristika wieder. Dazu gehören neben dem Aussehen die Art des Schreiens, der charakteristische Geruch oder die individuelle Art und Weise, wie sich die Haut des Babys anfühlt.
Mit zunehmender Erfahrung lernen Eltern auch die typischen Verhaltensweisen, Befindlichkeiten und Zustände ihres Säuglings kennen und „lesen“. Und zwar nicht nur eindeutige Signale wie Schreien oder Lächeln. Die Veränderung der Muskelspannung beim Baby zeigt beispielsweise den Wachheits-Grad und das Erregungs-Niveau an. Besonders aussagekräftig sind die Innenseiten der kleinen Hände und die Mundregion. Hand- und Armhaltung geben Hinweise auf den Zustand Ihres Babys. Eltern verstehen das völlig unbewusst, ohne jede Übung.
In einer neuen, für das Baby unbekannten Situation – wie beim ersten Bad – zeigt es mit fest geschlossenen Fäusten seine Aufmerksamkeit und Anspannung an. Fasst es Vertrauen in die Situation, öffnen sich die Hände und zeigen die Entspannung. Kommt die Mutter beim Spielen und Schmusen in die Nähe des Mundes und öffnet diesen leicht, sind die Reaktionen sehr aufschlussreich: Bei einem hungrigen Kind beginnen Such- und Saugbewegungen, ein kontaktbereites Baby schließt den Mund wieder, schaut die Mutter aufmerksam an und fängt mimisch und mit Lauten ein „Gespräch“ an. Eltern, die offen für ein „Gespräch“ sind, nehmen diese Signale unbewusst wahr und reagieren intuitiv richtig darauf. So wird Protest-Geschrei schon im Vorfeld verhindert.
Eltern wollen optimale Voraussetzungen für die Kommunikation mit ihrem Baby herstellen und haben darum sein Verhalten und sein Gefühlsleben stets im Auge. Eindeutig wach oder schlafend lässt das Baby keine Zweifel über seinen Zustand und seine Bedürfnisse aufkommen. Ist es dagegen quengelig oder schläfrig, starten wir mehr oder weniger erfolgreiche Versuche, ihm aus diesem Übergangs-Zustand herauszuhelfen.

Tipps und Hinweise

In welchem Zustand ist mein Baby?

- **Müde/schläfrig:** Das Baby ist noch nicht ganz ausgeschlafen oder gerade auf dem Weg zum Einschlafen. Es gibt selten Laute von sich und bewegt sich wenig. Die Augen fallen immer wieder zu oder sind nur halboffen.
- **Angespannt aufmerksam:** Das Baby ist aufmerksam und ausschließlich mit Schauen beschäftigt. Es bewegt sich kaum und ist angespannt, was an den geballten Fäustchen, angestrengt klingenden Lauten, neugierigem Gesichtsausdruck, angespannten Augenbrauen und sichtbarer senkrechter Stirnfalte zu erkennen ist. Manchmal ist die Atmung beschleunigt.
- **Passiv aufmerksam:** Das Baby reagiert mit Blickkontakt auf die Unterhaltung der Bezugsperson, ist aber selbst passiv. Sein Gesicht ist entspannt, es atmet gleichmäßig, sein Körper ist ruhig.
- **Aktiv aufmerksam:** Das Baby interessiert sich für die Spiel- und Interaktions-Versuche der Bezugsperson. Sein Gesicht ist neugierig, es lächelt, gurrt, lacht und quietscht vor Vergnügen. Es beob-

Wie ansprechbar ist mein Baby?

Babyforscher unterscheiden verschiedene Verhaltens-Zustände, wenn das Baby wach ist. Der Unterschied liegt darin, wie aufmerksam das Baby gerade für seine Umwelt ist, wie ruhig und wie kontaktbereit:

- Vielleicht möchte es im Moment selbst nicht viel zum Spiel beitragen, aber ist an Ihrer Präsentation interessiert und genießt sie hoch konzentriert (wie ein gutes Buch oder einen spannenden Film).
- Vielleicht ist es gerade nur noch ein bisschen gesprächsbereit – schon fast über den Punkt – und kann Ihnen nur noch phasenweise folgen. Dann überwiegen schnell Müdigkeit und Überreizung – und es wird Zeit, das Spiel zu beenden, um dem Kind die nötige Ruhe zum Verarbeiten zu geben.
- Vielleicht ist es tatsächlich in echter Spiellaune und kann mit Gesicht und Stimme, Händen und Füßen seinen eigenen Beitrag zu einem echten Hin und Her in einem Dialog zwischen ihm und Mutter oder Vater leisten.

Sozialpartner sind von besonderem Interesse für das Baby. Aber manchmal findet es auch andere Dinge in seiner Umwelt so attraktiv und spannend, dass es sie aktiv und aufmerksam erkunden möchte. Jetzt nehmen sich die Eltern am besten zurück und bringen sich erst wieder ins Blickfeld oder ins Spiel, wenn ihr Baby wieder Interesse an ihnen bekundet.

Man traut es ihnen kaum zu – aber Babys können sich vorübergehend ganz aus dem Geschehen um sich herum zurückziehen und richtig abschalten, bevor sie sich erneut auf Reizsuche begeben. „Profis" regulieren sich dabei selbst, indem sie an den Fingern nuckeln oder die eigenen Hände oder Füße umklammern.

Wenn man das Verhalten seines Babys mit ruhiger aufmerksamer Gelassenheit verfolgt, ist es einfach, ohne groß nachzudenken die richtige Anregung oder Ruhe im richtigen Moment zu geben. Mit seinem Baby interagiert man am besten mit wachen Augen – möglichst intuitiv.

achtet eifrig seinen Spielpartner und zeigt zielgerichtete Bewegungen (wie Entgegenstrecken der Arme), um zum Spiel einzuladen. Greifversuche oder Spiel mit den eigenen Händen sind genauso interessant für das Baby.

- **Aufmerksam überreizt:** Das Baby ist sehr agil und aufgeregt.
  Die Stimmung wechselt zwischen Aufmerksamkeit, Neugierblick und positiven Lautäußerungen, wenn es von außen stimuliert wird,
  und plötzlichem Abschalten und Abwenden, was es durch Blickabwendung, Gähnen und Quengeln offenbart. Die Stimmung ist ständig auf der Kippe.
- **Unruhig:** Der Zustand reicht von motorischer Unruhe und Quengeln über das „normale" Schreien bis hin zum intensiven, schmerzhaft klingenden Schreien. Das Baby wirkt missmutig und angestrengt, macht sich steif und windet sich. Aktivität und Aufmerksamkeit sind nicht oder kaum auf ein Ziel gerichtet.

(nach Prof. Dr. Mechthild Papousek von der Münchener Sprechstunde für Schreibabys, Institut für Soziale Pädiatrie und Jugendmedizin der Ludwig-Maximilians-Universität)

Wissenschaft und Forschung

Merkmale des intuitiven elterlichen Verhaltens im Umgang mit dem Baby

- **Baby Talk:** Die Ammensprache zeichnet sich durch eine hohe Tonlage und ein langsames Sprechen aus. Die Vokale werden gedehnt und überbetont. Die Tonlagen werden ausgeprägt gewechselt, die Sprache klingt fast wie ein Gesang. Die gleichen Sätze werden immer wieder mit kleinen Veränderungen in Tonhöhe, Inhalt und zeitlichem Ablauf wiederholt, um die Aufmerksamkeit des Babys zu steigern.
- **Elterliche Mimik:** Der jeweils gezeigte Gesichtsausdruck bildet sich langsam und wird für lange Zeit beibehalten. Dadurch wird er überdeutlich. Mund und Augen sind immer wieder weit offen. Die Augenbrauen werden stark angehoben (Augengruß!) und der Kopf wird mit nickenden Bewegungen zum und vom Kind weg bewegt. Immer wieder wird freudige Überraschungs-Mimik gezeigt.
- **Position des Gesichts:** Das Gesicht wird in optimale Entfernung für das (noch) kurzsichtige Baby gebracht (20-25 cm) und zentral in

Wie Sie aus Schrei-Zeit Gesprächs-Zeit machen können

Wenn ein Baby schreit, zeigt das nicht nur, dass es etwas stört. Es zeigt auch, dass es sehr wach, sehr aufmerksam und energiegeladen ist. Das alles wird durch Schreien zum Ausdruck gebracht. Eigentlich ein idealer Zustand, um mit dem Baby ins Gespräch zu kommen: Sie als Eltern können diesen Zustand für eine Interaktion mit Ihrem Baby nutzen. Schrei-Zeit lässt sich in Gesprächs-Zeit umwandeln. Dafür brauchen Sie sich nur auf die Kommunikations-Mittel Ihres Babys einzulassen.

Normalerweise geht das ganz von selbst. Ohne darüber nachzudenken schalten die meisten Erwachsenen – aber auch ältere Kinder – um, wenn sie sich mit einem Baby „unterhalten“. Sie spüren, dass sie langsamer, deutlicher und wiederholter in ihrem mimischen, sprachlichen und körperlichen Ausdruck sein müssen, damit das Baby sie verstehen kann. Wir besitzen eine ganze Palette an intuitiven Fähigkeiten, um mit unseren Babys ins Gespräch zu kommen. Das Schöne daran ist, dass wir gar nicht darauf achten müssen. Wir machen es automatisch richtig – vorausgesetzt, wir wollen mit dem Kind wirklich in Kontakt und ins Gespräch kommen.

Gelegenheiten zur Zwiesprache zwischen Eltern und Baby gibt es oft. Ob das beim Wickeln, Schlafenlegen, Stillen, Füttern, beim Beruhigen oder in einer freien Spielsituation ist, das ist zweitrangig. Langsamer als im Reflex, aber schneller als durch bewusstes Handeln reagieren Eltern auf die kleinen – aber relevanten – Signale ihres Babys, nämlich 0,2 bis 0,4 Sekunden nach der jeweiligen Aktion des Babys. Führte man einen solchen spielerischen Dialog nicht intuitiv, sondern rational, kämen die Antworten auf die kindlichen Signale immer zu spät. Das Baby wäre frustriert und irritiert.

sein Blickfeld gerückt (en-face-Position), damit es das Gesicht der Bezugsperson möglichst scharf sehen kann.

- **Biologischer Spiegel:** Sowohl der Gesichtsausdruck als auch die Töne des Babys werden nachgeahmt und dabei in Stärke und Ausdruck leicht variiert, um das Interesse des Babys zu steigern. Das Baby bekommt durch diesen Vorgang sein momentanes Verhalten und Befinden widergespiegelt. Das fördert seine Selbstwahrnehmung.

Erstaunlich ist auch die Menge des Blick-Kontaktes zwischen den Eltern und ihrem Baby. In den Interaktions-Phasen schauen Eltern ca. 80% der Zeit in die Augen ihres Kindes. Das Baby selbst schaut seine Eltern ab der sechsten Lebenswoche (mit der Beherrschung des Sehsystems) etwa 30% der Zeit an. Erst im fünften Lebensmonat, wenn andere Fähigkeiten (Vokalisieren, Greifen) dazukommen, nimmt das „Eltern-in-die-Augen-Schauen" wieder ab. Die Blickkontakt-Zeit ist die intensivste Interaktions-Zeit überhaupt. Ihr Baby gibt jetzt die meisten Laute von sich und lächelt vermehrt. Und Sie selbst zeigen sich höchst interaktionsbereit und reagieren noch komplexer als sonst. In diesen Blickkontakt-Phasen liegt die Wiege der kindlichen Sprachentwicklung.

➤ Lassen Sie sich einfach auf die Kommunikations-Mittel Ihres Babys ein.

Wissenschaft und Forschung

Eltern-Kind-Interaktionen müssen nicht immer perfekt sein

Mikroanalysen von Mutter-Kind-Interaktionen zeigen, dass 30% aller Interaktionen bereits sofort koordiniert sind – also passen. Aber auch die restlichen 70% der nicht sofort passenden Interaktionen werden innerhalb von zwei Sekunden nachgebessert. Gerade diese erfolgreich verlaufenden Spannungs- und Interaktions-Regulierungen geben dem Säugling das Gefühl wichtig und wirksam zu sein.

So häufig, so lange und so tief schaut man sich eigentlich nur noch zu *einem* anderen Zeitpunkt seines Lebens in die Augen. Nämlich beim Flirten zwischen Erwachsenen. Und tatsächlich werden diese intensiven Interaktionen zwischen Kind und Erwachsenen mitunter als Flirten bezeichnet. Der Baby-Flirt hat mit dem Erwachsenen-Flirt noch mehr Gemeinsamkeiten. Genau wie ein Liebespärchen führen Eltern und Kind einen Dialog, bei dem es auf den Inhalt der Worte nicht ankommt. Ihr Baby gluckst, Sie lächeln, es strampelt mit den Beinen und schaut Sie an. Sie sagen ihm etwas Nettes, es gestikuliert im Takt Ihrer Stimme und so weiter und so fort. Mimik, Gestik und Stimmen sind zeitlich genau aufeinander abgestimmt. Wie der Erwachsenen-Flirt braucht auch der Baby-Flirt keine Sprache und stellt deshalb eine direkte nonverbale Verbindung zwischen Menschen her.

Womit Ihr Baby Sie belohnt

Die sozialen Interaktionen zwischen Erwachsenen und Baby sind ein elementarer Bestandteil der Entwicklung, dessen Wichtigkeit man nicht unterschätzen darf. Der soziale Hunger eines Babys – also der Hunger auf Zuwendung und „Unterhaltung" – ist weit größer, als sich junge Eltern das bisweilen vorstellen können. Genauso wie beim physiologischen – also beim „richtigen" – Hunger hat ein Baby mal mehr, mal weniger Appetit, ist hungrig oder satt. Und genauso schreit ein Baby, wenn sein sozialer Hunger nicht gestillt wird.

➤ Für ein Baby sind seine Bezugspersonen die wichtigste Quelle, um etwas über seine Umwelt und über sich selbst zu erfahren.

Für ein Baby sind seine Bezugspersonen die wichtigste Quelle, um etwas über seine Umwelt und über sich selbst zu erfahren. Im Dialog mit ihnen lernt es Regeln, Voraussagbarkeit, Kontrolle über seine Umwelt und Selbstwirksamkeit kennen und befriedigt sein Bedürfnis, seine Umwelt immer mehr zu erkunden.

Als Gegenleistung für die Eltern, die ihm das alles ermöglichen, hat es kleine Geschenke parat, die es bereitwillig verteilt: sein Lächeln, seinen Blick, seine freudigen Laute, sein Anschmiegen und seine Tröstbarkeit. All das bestärkt Mutter und Vater in ihrem elterlichen Selbstvertrauen und dem Gefühl, intuitiv richtig zu handeln.

Wahrscheinlich gehört zu diesem angeborenen Belohnungs-System auch die frühe Imitations-Fähigkeit des Babys. Bereits direkt nach der Geburt ist ein Baby in der Lage, den O-Mund eines Erwachsenen, das Zunge-Herausstrecken oder das Lippen-Spitzen nachzuahmen. Eine erstaunliche Leistung, denn es muss genau wahrnehmen, was ihm vorgeführt wird. Und es muss die Motivation und die richtige Muskelanspannung aufbringen, um den Ausdruck nachzustellen. Sein Körpergefühl muss schon so gut funktionieren, dass es merkt, wenn sich seine Lippen- oder Zungenstellung genauso anfühlt wie der Gesichtsausdruck, den es gerade sieht.

Intuitive Elternschaft ist störanfällig

Der intuitive Umgang mit Ihrem Baby ist zwar angeboren und braucht daher nicht erlernt zu werden, aber er ist durchaus störanfällig. Verschiedene Gründe können verhindern, dass Sie als Eltern das, was sie unbewusst eigentlich schon können, auch aktivieren und bewusst tun. Zum einen brauchen Sie geeignete Rahmen-Bedingungen, um Ihre intuitiven Fähigkeiten ausleben zu können – also ein entspanntes stützendes Umfeld. Stress und Zeitdruck sind Gift für die Eltern-Kind-Kommunikation, die nämlich Zeit, Gelassenheit und innere Ruhe braucht. Zum anderen fehlt es vielen Eltern an lehrreichen und bestätigenden Vorerfahrungen im Umgang mit Säuglingen. Solche Vorerfahrungen können den Erstkontakt zum eigenen Baby erleichtern.

➤ Vielen Eltern fehlt es an Vorerfahrung im Umgang mit Säuglingen.

Unsere heutigen Möglichkeiten, in jungen Jahren wichtige Erfahrungen mit Babys zu sammeln, sind gering. Früher gab es auf dem Weg zur eigenen Elternschaft die Erfahrungen mit kleineren Geschwisterkindern, mit Neffen, Nichten oder anderen Babys. Solche Erfahrungen fehlen heutzutage den meisten Eltern bei ihrem ersten Kind. Es ist viel schwieriger, sich die Babypflege theoretisch aneignen und dabei dauernd nachdenken zu müssen. Mangels beruhigender Erfahrung folgt nämlich oft Verunsicherung.

Das bedeutet aber nicht, dass ein grundsätzliches Nachsinnen über das eigene Verhalten und die eigenen Erziehungs-Vorstellungen nicht auch förderlich für die Eltern-Kind-Beziehung sein kann. Allein das Wissen, dass es so etwas wie intuitive Elternschaft gibt und dass auch unerfahrene Eltern darüber verfügen, bringt schon viel. Eltern, denen man mit einer Videoaufnahme den Umgang mit ihrem Baby zeigt, sehen, wie sie in manchen Situationen spontan völlig richtig reagieren. Mit diesem Wissen können sie Sicherheit gewinnen und ihre intuitiven Fähigkeiten immer mehr nutzen und weiter entwickeln.

Von guten und schlechten „Gesprächen"

Wenn Eltern mit ihrem Baby kommunizieren, findet man die typischen Muster, die auch ein „gutes" Gespräch zwischen Erwachsenen kennzeichnen. Man wechselt sich in seinen Äußerungen ab, lässt bisweilen Pausen und wartet auf die Antwort des anderen. Manchmal lächelt oder spricht man auch gleichzeitig. Dass die Antworten des Babys nur Blicke, Laute, Lächeln oder Körperbewegungen sind und keine Wortsprache, spielt für die Qualität des Dialogs keine Rolle. Die Antworten der beiden Interaktions-Partner erfolgen prompt. Und genau wie bei einem lebendigen Gespräch zwischen zwei Erwachsenen wechseln die Stärke und das Tempo der Äußerungen immer wieder – von lauter zu leiser und wieder lauter, mal schneller, mal langsamer in stetigem Wechsel.

Aber nicht alle Gespräche sind gleich anregend, und auch bei Erwachsenen bleibt nach manchen Diskussionen ein seltsames, manchmal kaum begründbares Gefühl zurück, dass irgendwas schief gelaufen ist – auch wenn an dem Inhalt des Gesprächs eigentlich nichts auszusetzen war. Bei manchen Unterhaltungen ist man froh, wenn sie endlich vorbei sind. Das Gespräch war schleppend, immer wieder lange Pausen, peinliches Schweigen, man ist einfach nicht ins Gespräch gekommen.

> ➤ *„Gespräche" zwischen Baby und Eltern verlaufen nach den gleichen Mustern wie Erwachsenen-Gespräche.*

Auch Eltern-Kind-Dialoge können so ähnlich ablaufen. Der Erwachsene ist nicht in der Lage, sein intuitives Repertoire auszuschöpfen. Seine leise Stimme dringt kaum zum Baby durch. Seine Reaktionen sind verzögert. Deshalb werden sie vom Baby nicht mehr als Antworten auf seine eigenen Handlungen verstanden. Die eigenen Aktivitäten sind kraftlos, der Abstand zum Kind zu groß, und lange Gesprächspausen trüben die Stimmung.

Läuft die Kommunikation mit dem Baby aus aktuellem Anlass heraus schief und ändert sich wieder mit gestiegener Laune, kann das von beiden Interaktions-Partnern leicht verkraftet werden. Läuft die Kommunikation jedoch meistens nach diesem ungünstigen Schema ab, braucht das Eltern-Kind-Paar kompetente Hilfe von außen. Ohne gut verlaufende „Gespräche“ mit den Eltern kann sich die Kommunikations-Fähigkeit des Babys nicht optimal entwickeln. Mit einer kompetenten Beratung kann die Dialogfähigkeit zwischen Baby und Eltern aber wieder hergestellt werden. Adressen für solche Hilfestellungen finden Sie im Info-Magazin am Ende des Buches (Kapitel 6).

Die genauso problematischen Gegenstücke zu diesen reaktionsarmen Interaktionen sind überstimulierende Interaktionen. Wenn uns unser Gesprächs-Partner mit seinem Wort-Schwall überschüttet, keine Chance für eine Erwiderung lässt oder uns ins Wort fällt, statt auf seinen Einsatz zu warten, sind wir schnell frustriert und ermüdet und sehnen uns nach dem Ende des „Monologs“.

➤ „Gespräche“ mit dem Baby gehen schief, wenn die Erwachsenen zu wenig auf den Zustand des Kindes achten und nicht auf seine Signale eingehen.

Ähnlich kann es Babys ergehen, die vom Gesprächs-Angebot der Erwachsenen überschüttet werden. Es gibt verschiedene Facetten einer solchen Überstimulation. Allen gemeinsam ist das mangelnde Einfühlungs-Vermögen in das Befinden und das fehlende Eingehen auf die Signale des Kindes. Es kann vorkommen, dass der Erwachsene lacht, wenn das Baby quengelt, und es kitzelt, anstatt es zu beruhigen. Das Verhalten ist eher zudringlich und kontrollierend. Es wird eher über das Kind hinweg gehandelt, anstatt auf das Baby einzugehen. Pausen gibt es keine oder nur selten. Die optimale Distanz für die Sehfähigkeit des Babys kann unterschritten werden. Häufig wird Körperkontakt hergestellt (Abküssen, Knuddeln), auch wenn das Baby Distanzwunsch signalisiert. So entsteht kein echter Dialog: Mutter oder Vater, Tante oder Onkel, Oma oder Opa werden zum Alleinunterhalter. Das Baby verpasst wertvolle Kommunikations-Erfahrung und erlebt sich selbst als unwirksam.

Die Anregungen der Erwachsenen überfordern das Baby. Anregende und ruhige Gesprächs-Anteile fehlen. Auf die Signale und Bedürfnis-Äußerungen des Kindes geht der Erwachsene nicht ein. Er agiert am Baby vorbei.

Das Fatale an solchen misslungenen Eltern-Kind-Kommunikationen ist die Tatsache, dass das Baby nach einer Weile seine Versuche, am Gespräch teilzunehmen, beendet. Es vermeidet den Blickkontakt, sendet weniger positive Signale, was auf Seiten der Erwachsenen zu einem noch heftigeren Bemühen führen kann, die Aufmerksamkeit des Babys wiederzuerlangen (*„Willst Du nichts mehr von Deiner Mama wissen?"*).
Ein Teufelskreis beginnt: Das Baby belohnt seine Eltern nicht mehr mit positiven Signalen. Die Eltern meinen, sie hätten versagt – und sind verunsichert. Bevor sich solche Kommunikations-Störungen manifestieren, ist es ratsam, Hilfe von außen in Anspruch zu nehmen.

Wie Sie die Interaktion mit Ihrem Baby fördern können

Sie wissen, wie wichtig die soziale Interaktion zwischen einem Baby und seinen erwachsenen Bezugspersonen ist. Und Sie wollen, dass das soziale Miteinander von Anfang an gut klappt.

Nun können Sie es so machen wie einige Eltern in amerikanischen Studien: Sie können Fütter-, Schlaf- und Spielpläne ausarbeiten und mit Ihrem Baby nach Stundenplan kommunizieren. Sie können aber auch das einzig Vernünftige tun: Richten Sie sich nach den kindlichen Bedürfnissen Ihres Babys, nach seinem individuellen Rhythmus und nach seinem schwankenden Wachheits-, Erregungs- und Aufmerksamkeits-Zustand.

Gegen die momentane Verfassung des Babys zu arbeiten, ist kraftraubend und für den Säugling unverständlich. *„Ich habe jetzt Lust auf ein Blickgespräch mit meiner Mama, warum reagiert sie nicht?"*. *„Warum macht Papa so ein Theater? Mir ist jetzt nicht nach Spielen, ich möchte lieber umherschauen oder vor mich hindösen."* So ähnlich könnte man die Empfindungen der Babys wohl formulieren – wäre man dazu in der Lage, ihre Gefühle und Gedanken auszudrücken.

Wissenschaft und Forschung

Kann man Babys Intelligenz nach Plan fördern?

Alison Gopnik, führende Kognitions-Wissenschaftlerin aus Berkley, Kalifornien: *„Alles, was wir über Babys wissen, lässt darauf schließen, dass die künstlichen Eingriffe im besten Fall wirkungslos sind und im schlimmsten Fall die normale Interaktion zwischen Erwachsenen und Babys stören. Babys sind schon so schlau wie nur irgend möglich.*
Sie sind darauf programmiert, etwas über die reale Welt zu lernen, in der sie leben, und sie tun es, indem sie mit den Dingen spielen, die es in dieser Welt gibt, vor allem mit den Menschen, die sie lieben. Die wissenschaftliche Forschung sagt uns, dass wir genau das tun sollen, was wir ohnehin tun, wenn wir mit unserem Baby zusammen sind – sprechen, spielen, lustige Grimassen schneiden, aufmerksam sein. Wir brauchen nur die nötige Zeit dazu."

Es sind keine teuren Spielzeuge nötig, keine Frühförderungs-Trainingszentren für Eltern, keine besonderen Interaktions-Techniken, um mit seinem Baby ins Gespräch zu kommen. Es sind kleine Dinge – eigentlich Selbstverständlichkeiten, die aber häufig unterschätzt werden. Viele Eltern unserer Studie, die wir danach fragten, was ihnen die Interaktion mit ihrem Baby erleichtere, kannten und äußerten solche kleinen Dinge:

- *„Den Kleinen nach dem Stillen anzugucken, reicht schon für eine Reaktion.“*
- *„Nach den Mahlzeiten, wenn ich mehr Zeit habe, klappt es am besten. Lukas fordert Zuwendung, meldet sich mit Tönen, guckt und gibt mit Händen und Füßen Zeichen.“*
- *„Wichtig sind Ruhe, Augenkontakt, Zuwendung und Zeit.“*
- *„Wenn wir Geräusche mit der Rassel machen, ihr vorsingen oder uns mit ihr unterhalten, ist es leicht, mit der Kleinen ins Gespräch zu kommen.“*
- *„Es reicht aus, mit Luisa einfach in einem entspannten Umfeld zusammen zu sein.“*
- *„Marcel ist sehr gesprächsbereit, wenn man ihn anlacht oder anspricht. Aber nicht immer.“*
- *„Tim findet es toll, wenn ich seine Töne und Geräusche nachmache.“*
- *„Lena findet es gut, wenn wir mit ihr Blödsinn machen. Sie genießt es sehr, wenn wir uns mit ihr beschäftigen. Dann reagiert sie immer.“*
- *„Wenn ich ruhig bin und Zeit für Jana habe, ist sie bereit zum Gespräch.“*

Eine sehr wichtige Voraussetzung für ein „Gespräch“ zwischen Eltern und Baby ist die Bereitschaft der Eltern, sich auf die Interaktion mit ihrem Kind einzulassen – der Rest kommt dann eigentlich ganz von selbst. Manche Mütter erzählen sogar von einer immer vorhandenen Kommunikations-Bereitschaft ihres Babys. Eine besonders günstige Zeit ist 15-20 Minuten nach dem Stillen oder Füttern. Jetzt ist die Aufnahmebereitschaft besonders hoch – und der Dialog mit der Mutter klappt meist ganz besonders gut. Diese Chance vergibt man sich, wenn man sein Baby nach der Mahlzeit für einen längeren Schlaf ins Bettchen legt. Viele Kinder werden dagegen protestieren.

Phasen der Erregung – vom Abend-Schreien zum Abend-Dialog

Im zweiten Lebens-Monat findet ein deutlicher Entwicklungs-Sprung bei Ihrem Baby statt. Seine Lautäußerungen werden differenzierter: Statt einfacher *„ä“*- oder *„ähä“*-Laute als Antwort auf die elterliche Ansprache kommen nun die unterschiedlichsten Töne, die viele Eltern so beeindrucken, dass sie viele Jahre später noch wissen, ob ihr Baby damals *„eröh“*, *„e-eche“* oder *„lall“* gesagt hat. Das nun aufkommende echte soziale Lächeln motiviert die Eltern besonders. Und das Baby kann seine Aufmerksamkeit jetzt deutlich länger halten als früher.

Besonders die Stunden am späten Nachmittag und am Abend scheinen eine für den Säugling geeignete Zeit zu sein, seine Umwelt zu erkunden. Am Anfang sind die Babys abends nur unruhig. Aber dann werden sie immer interaktiver. Die Haupterregungs-Phasen bleiben bestehen, aber wechseln ihren Inhalt. Schreibabys scheinen mit diesem Verhaltens-Wechsel jedoch Schwierigkeiten zu haben.

Deshalb sollten Sie Ihrem Baby bei diesem Verhaltenswechsel helfen, indem Sie sich gerade in den Abendstunden viel Zeit nehmen und Ihr Kind in ruhiger, entspannter Atmosphäre zu einem Zwiegespräch einladen.

Auch die Morgenstunden nach dem langen Nachtschlaf sind besonders geeignet für Eltern-Kind-Dialoge. Gönnen Sie Ihrem Kind und sich selbst diese gemeinsame, intensive Zeit. Dann können beide Seiten die anstrengenden und schwierigen Teile des Baby-Alltags leichter nehmen.

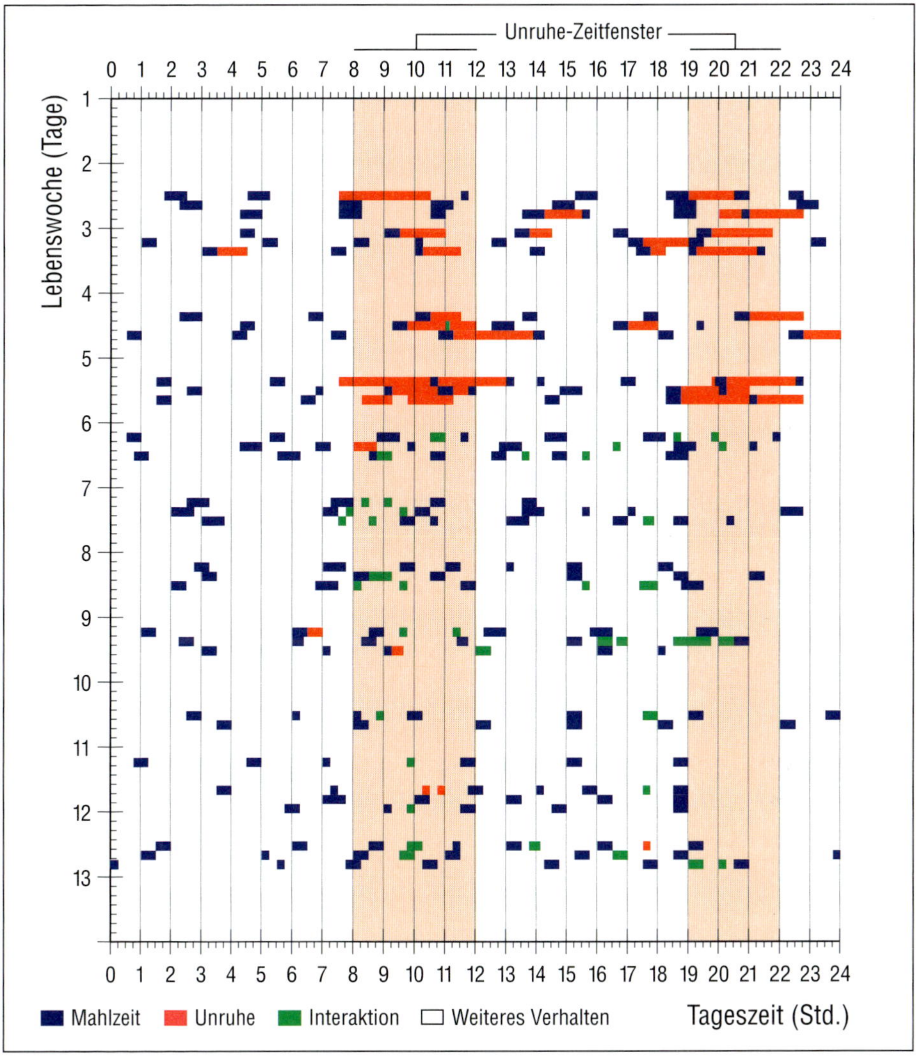

Abbildung 10: Verhaltensentwicklung eines Babys in den ersten 13 Lebenswochen. Die anfänglichen Hauptzeiten der Unruhe wandeln sich Mitte des zweiten Lebensmonats zu den bevorzugten Interaktionszeiten zwischen Eltern und Kind.
(Quelle: Daten aus der Freiburger Säuglingsstudie. In: Bensel, 2003)

Kapitel 2: Das Wichtigste in Kürze

- Ein Baby ist von Anfang an sehr an seiner Umwelt interessiert. Es bringt bereits viele Fähigkeiten mit, um mit seinen Eltern ins „Gespräch“ zu kommen.
- Nicht immer ist Ihr Baby „gesprächsbereit“. Mit zunehmender Erfahrung erkennen Sie besser, in welchem Zustand sich Ihr Baby gerade befindet.
- Wenn Sie sich mit Ihren intuitiven Fähigkeiten auf Ihr Kind einlassen, kommen Sie automatisch ins „Gespräch“ mit Ihrem Baby.
- Wenn Dialoge zwischen Eltern und Kind schief laufen, hat man meist zu wenig den Zustand und die Signale des Kindes beachtet.
- Gegenseitiges Interesse und Aufmerksamkeit lassen Eltern-Kind-Gespräche gelingen.

3

Vor dem ersten Schrei: Tipps für werdende Eltern

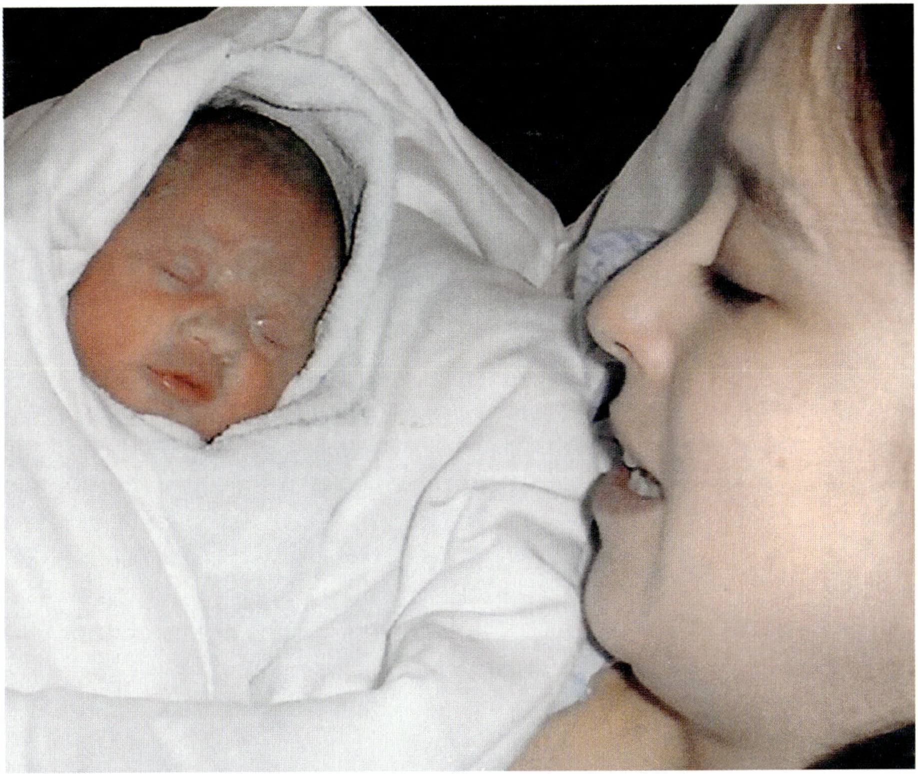

In diesem Kapitel erfahren Sie, ...

- wie Sie bereits vor der Geburt die richtigen Weichen stellen können
- wie Sie den Schritt vom kinderlosen Paar zur Familie schaffen
- welchen Einfluss Geburts-Situation und Wochenbett auf das Baby-Schreien haben können

Was Sie schon vor dem ersten Schrei gegen das Schreien tun können

Um mit dem Babyschreien von Anfang an richtig umgehen zu können, sollten Sie sich schon während der Schwangerschaft damit beschäftigen – bevor es überhaupt zum Schreien kommt.
Eine gelungene Zeit der Schwangerschaft hat viel mit dem Babyschreien zu tun. Wenn sich die junge Mutter schon während der Schwangerschaft gut aufgehoben und betreut fühlt und tragfähige soziale Kontakte knüpfen konnte, fällt es ihr im „Schreifall" leichter, Hilfe von außen zu holen – dann, wenn sie ganz besonders ein sicheres soziales Netz braucht. Starten Sie bereits vor der Geburt damit, Ihr soziales Netz zu weben und zu verstärken. Dann brauchen Sie nicht erst damit anzufangen, wenn Sie bereits mitten im Schrei-Geschehen sind und für den Ruf nach Hilfe keine Kapazität mehr haben.
Der Austausch von Telefonnummern im Geburts-Vorbereitungskursus und andere Gelegenheiten, junge Mütter zu treffen, um sich auszutauschen und zu unterstützen – das sind gute Möglichkeiten, rechtzeitig am sozialen Netz zu weben.
Umgekehrt: Je schwieriger die Schwangerschaft verläuft, je gestresster die junge Mutter sich fühlt, je sozial isolierter die Eltern sind und je unsicherer sie sich fühlen – um so unruhiger empfinden die Eltern ihr Baby in den ersten Monaten. Ob es tatsächlich mehr schreit, ist dabei zweitrangig: Die Unruhe belastet die Familie.

➤ Starten Sie bereits vor der Geburt damit, Ihr soziales Netz zu weben und zu verstärken.

Eine wichtige Aufgabe in der Übergangs-Zeit ist es, eine neue Identität als Schwangere und dann als Mutter zu finden – und zu akzeptieren, dass der alte Lebens-Stil und die alte Unabhängigkeit zwar verloren sind, dafür aber ein neuer Lebens-Sinn in Aussicht ist. Dann kann man neben den belastenden Gefühlen von Angst und Unsicherheit als Gegengewicht intensive Gefühle zum ungeborenen Kind und zum Partner und ein Wohlfühlen im eigenen veränderten Körper bilden. Das ist eine wichtige Basis für eine gelungene Zeit nach der Geburt.

➤ *Tun Sie schon vor der Geburt Ihres Babys etwas gegen das Schreien: Mit einer gelungenen Schwangerschaft.*

Sie können also schon lange vor der Geburt etwas gegen das Schreien tun: Mit einer gelungenen Schwangerschaft, die die Basis für einen harmonischen Start als Familie bildet – und so Baby-Schreien erst gar nicht zum Problem werden lässt.

Der Übergang zum neuen Leben mit Kind

Die Zeit vor der Geburt des Kindes ist geprägt von den unterschiedlichsten Gefühlen bei der Schwangeren und bei ihrem Partner. Freude und Stolz auf das bevorstehende Ereignis können sich mit Ängsten, Unsicherheit und dem Gefühl der Bedrohlichkeit abwechseln.

Belastende Gedanken, mit denen sich Schwangere beschäftigen

- *„Ist mein Kind gesund?"*
- *„Werde ich eine gute Mutter sein?"*
- *„Wird mein Partner ein guter Vater sein?"*
- *„Ein Kind bedeutet eine große Verantwortung"*
- *„Es gibt Probleme mit der Wohnung"*
- *„Werden sich die Beziehungen zwischen den anderen Familienmitgliedern ändern?"*
- *„Wie stark wird mein Kind mich täglich in Anspruch nehmen?"*
- *„Wird genügend Zeit für mich und meinen Partner bleiben?"*
- *„Verändert sich unsere sexuelle Beziehung?"*
- *„Was wird aus meiner Berufstätigkeit?"*
- *„Wird das Geld reichen?"*
- *„Die Hausarbeit wird anstrengender werden"*
- *„Meine eigene Freiheit wird eingeschränkt werden"*

Neben dieser geistigen Vorwegnahme nachgeburtlicher Veränderungen bemerkt eine Frau auch die aktuellen Veränderungen an ihrem Körper (der Bauch wird dick, die Brüste beginnen zu spannen) und die sozialen Veränderungen. Sie wird Mitglied einer anderen sozialen Gruppe, und die Erwartungen der Gesellschaft an sie verändern sich. Kein Wunder, dass viele Frauen – besonders wenn es ihr erstes Kind ist – in dieser Übergangszeit verunsichert sind. Die Le-

bensphase als weitgehend unabhängige kinderlose Frau geht zu Ende. An ihre Stelle tritt der Lebensabschnitt einer verantwortlichen Mutter – ein Zustand, der schwer greifbar ist, bevor er Realität wird.
Deshalb stehen während der Schwangerschaft Sorgen und Ängste im Vordergrund, die für Spannungen sorgen: *„Wird auch alles gut gehen?“* · *„Mach' ich die Geburt richtig?“* · *„Ist unser Kind gesund?“*. Solche Sorgen können sich nach der Geburt fortsetzen und die ersten Monate des Familien-Daseins bestimmen. In so einem spannungsreichen Umfeld hat ein Baby dann eher Grund zu schreien. Und die Eltern haben weniger Kraft, die Unruhe aufzufangen.
Sorgt sich der Frauenarzt nicht nur um die körperliche Gesundheit von Mutter und Baby, sondern auch um die Psyche seiner Patientin, können Ängste und Zweifel abgebaut werden – ein wichtiger Beitrag zu einer entspannten Schwangerschaft und einer schreiarmen Baby-Zeit.

Der Geburtsvorbereitungs-Kursus

Neben den Vorsorge-Terminen beim Frauenarzt gibt es die Geburtsvorbereitungs-Kurse. Sie haben sich in den letzten Jahren weiter entwickelt – weg von reinen Gymnastik- und Atemtechnik-Übungsstunden hin zu einer auch psychologischen Vorbereitung auf das Geburts-Geschehen.

➤ Es hilft schon, andere Mütter mit ähnlichen Problemen zu kennen und sich auszutauschen.

In diesen Kursen kommt es zu vertraulichen Gesprächen über höchst Intimes, bis hin zu offen ausgesprochenen Ängsten. Im Gespräch wird nach Gemeinsamkeiten gesucht, Unterschiede werden zumindest anfangs mit Erschrecken wahrgenommen. Die wenige Erfahrung – nicht das wenige Wissen – verstärkt wie in allen Verunsicherungs-Momenten den Wunsch nach Übereinstimmung und nach Bestätigung.
Wenn Sie Ihre Kontakte aus der Zeit der Schwangerschaft pflegen, haben Sie auch nach der Geburt Gesprächspartner – auch in Krisensituationen, zum Bei-

Entwicklungsgeschichte und Kultur

Rites de Passage – Übergang in ein neues Leben

Der Begriff „rites de passage“ kennzeichnet die Zeit der Schwangerschaft, Geburt und Elternschaft als eine Übergangszeit, in der die Frau in den meisten traditionalen Kulturen durch präzise Vorschriften, familiäre Unterstützung und Kulthandlungen auf ihren neuen Status als Mutter vorbereitet wird. Eine kurzfristige Separation aus ihrem gewohnten Lebensbereich, kombiniert mit Riten der Reinigung, gehört dazu. Der alte Status wird aufgehoben – deutlich gemacht durch die Konfrontation mit speziellen neuen Anforderungen und eine Warteperiode, die den Umstellungsprozess symbolisiert. Vor allem aber ist hier eine mit Feierlichkeiten vollzogene Wiedereingliederung in die Gesellschaft zu finden, die mit Hilfe von zusätzlichen Privilegien den neuen Status bewusst werden lässt. In den Industrie-Nationen fehlen solche Übergangsriten weitgehend. Zwar sind manche Wissenschaftler der Ansicht, dass zumindest die Rituale der ersten zwei Übergangsabschnitte, Separation und Aufhebung des alten Status, wenn auch in veränderter Form, bei uns noch existieren. Aber die eine moderne Geburt be-

spiel mit exzessivem Schreien. In solchen Gemeinschaften – oder sogar Freundschaften – lassen sich Probleme eher lösen und Krisen besser meistern. Schließlich wissen Sie dann, dass Ihre Situation keine Ausnahme-Situation ist – es gibt ja genügend andere Frauen, die Ähnliches erleben. Diese Erfahrung lässt Sie sicherer werden – auch was den Umgang mit einem unruhigen Baby angeht.

Doula – die „Dienerin der Frau“

Schwangere wünschen sich an erster Stelle eine kontinuierliche und verlässliche Begleitung, die sich nicht nur auf die Zeit der Schwangerschaft, sondern auch auf die Geburt und die Wochen danach erstreckt. Die Situation sieht statt dessen meist so aus: Eine Geburts-Vorbereiterin vor der Geburt, die man einmal in der Woche als eine unter vielen Schwangeren in einem Gruppenraum außer Haus sieht, eine unbekannte Hebamme im Krankenhaus (je nach Schichtzeit) und eine Nachsorge-Hebamme – meist wieder eine andere Person – die für ein paar Tage Stippvisiten in der Familie vornimmt, um anstehende gleitenden rituellen Handlungen im Krankenhaus – zum Beispiel das Bad oder die Gratulation nach der Geburt, aber auch schon zuvor die Geburtsvorbereitungs-Kurse bzw. Selbsthilfegruppen – sind meist nur ein schwacher Ersatz für die ursprünglichen, eine Frau im Übergang stützenden und nachhaltig beeinflussenden Stammesriten.

Fragen zu beantworten und der Mutter eventuell bei Still- und Rückbildungs-Fragen zu helfen.
Statt drei meist unvertraute Frauen an ihrer Seite zu haben, gibt es seit einiger Zeit ein neues Konzept, das stärker als bisher auf die emotionale Unterstützung der Schwangeren, Gebärenden und Wöchnerin Wert legt, die „Doula". Der Begriff kommt aus dem alten Griechenland und bezeichnet eine erfahrene Frau, die (werdenden) Müttern zur Seite steht. Wörtlich bedeutet Doula „Dienerin der Frau". Aufgrund ihrer besonderen Ausbildung ist sie in der Lage, einer Gebärenden eine kontinuierliche, einfühlsame und emotionale Unterstützung zu geben. Sie leistet also das, was viele Frauenärzte als „nicht zu ihrem Aufgabenbereich gehörend" bezeichnen.
Die Anwesenheit einer Doula während der Geburt führt nach neuesten wissenschaftlichen Studien zu einer Reduzierung der Kaiserschnitt-Rate um 50%, der Zangengeburt um 40%, der Verabreichung von Schmerzmitteln um 30%, der Nachfrage nach einer Anästhesie um 60% und der Geburtsdauer um 25%. Auch die Verabreichung von Oxytozin reduziert sich drastisch (40%), da die Schwangere das wehenfördernde Hormon aufgrund ihrer größeren Entspannung bei der Geburt selbst in stärkerem Maße bilden kann. Und nach neuesten Forschungs-Ergebnissen haben so unterstützte Gebärende noch Wochen nach der Geburt mehr positive Interaktionen mit ihrem Baby.

- **Anja** (35 Jahre alt) hat sich einer Doula anvertraut: *„Zuerst war ich skeptisch. Schließlich ist die Geburt meines Kindes die allerpersönlichste Erfahrung meines Lebens. Und dabei eine Fremde? Aber mein Mann dachte, dass jemand, der sich auskennt, uns gut unterstützen kann. Am Schluss waren wir beide sehr glücklich mit unserer Entscheidung: Die Doula konnte mir in der Schwangerschaft und bei der Geburt gut Hilfestellung geben und uns beiden gleichzeitig immer Mut machen."*

Entwicklungsgeschichte und Kultur

Brücke in ein neues Leben

Auf Trobriand (tropische Insel in Neuguinea) findet während der ersten Schwangerschaft einer jungen Frau eine besondere Zeremonie statt. Im fünften Schwangerschafts-Monat wird ihr von einer Tante oder Cousine ein weißer, aus Bananenblattfasern hergestellter Mantel, ein saykeulo, überreicht. Am folgenden Tag wird sie von allen weiblichen Verwandten und ihren Freundinnen zur See geleitet bzw. getragen, wenn sie adeliger Abstammung ist. Am Meer angekommen, bilden die Frauen eine Doppelkette und reichen sich die Hände, über die die Schwangere wie über eine lebende Brücke in das Wasser geht, wo sie ein zeremonielles Bad nimmt. Danach wird sie zum Strand zurückgetragen, auf eine Matte gesetzt, gesalbt, geschmückt und mit dem saykeulo bekleidet. Anschließend wird sie zum Haus ihres Vaters oder mütterlichen Onkels getragen und auf eine eigens errichtete Plattform gesetzt. Während der restlichen Dauer der Schwangerschaft und zwei Monate nach der Entbindung trägt die Frau den saykeulo. Er soll sie sauber und schön und ihre Haut durch Schutz vor der Sonne möglichst weiß machen. (Quelle: Jüptner, 1995)

Die Doula gibt es in einigen Ländern, wie den USA und Luxemburg, bereits als eigenständigen Beruf. Vor allem in den Niederlanden – einem Land, in dem die Hausgeburt traditionell eine sehr wichtige Rolle spielt – ist es nicht schwer, eine Hebamme zu finden, die bereits in der Zeit der Schwangerschaft nach Hause kommt, der werdenden Mutter zuhört, ihre Fragen beantwortet, nach Lösungen für Probleme sucht und sie emotional und in praktischen Dingen unterstützt. Sie ist aber auch zu Hause oder in der Klinik dabei, wenn das Kind kommt, und erleichtert durch das bereits bestehende Vertrauens-Verhältnis den Geburtsvorgang. Nach der Geburt begleitet sie die Wöchnerin durch die schwierige Anfangszeit und hilft ihr bei Fragen zum Stillen, dem richtigen Umgang mit dem Baby, Krankheiten und der sich mitunter einstellenden Wochenbett-Depression.

Aber auch in Deutschland gibt es Hebammen, die die Funktion einer Doula ausfüllen, ohne sich selbst explizit so zu nennen. Nichts spricht dagegen, eine nahestehende Freundin, die bereits Erfahrung mit Schwangerschaft, Geburt und Wochenbett besitzt und sich entsprechend vorbereitet hat, zu seiner Doula zu machen.

Wichtig ist zu erkennen, dass diese sensible Übergangszeit nicht dafür geschaffen ist, allein seinen Weg zu gehen und sich irgendwie durchzuwursteln, sondern alle verfügbaren Ressourcen zu aktivieren und alle Möglichkeiten aufzuspüren, um sich diesen Weg in eine neue Lebensphase zu erleichtern. Die Doula hilft der werdenden Mutter, ihr Mutterleben selbstbewusster anzutreten und zu akzeptieren.

Schwangerschafts-Ängste treten nur dann auf, wenn eine Frau sich einflusslos erlebt. Wenn jede Verantwortung bei anderen liegt, nur nicht bei ihr, dann sieht sie sich den Anforderungen der Mutterrolle nicht gewachsen. Frauen, die der Mutterschaft mit Vertrauen in die eigenen Fähigkeiten und mit Selbstsicherheit entgegenblicken, haben deutlich weniger Angst. Diese Kompetenz-Gefühle zu fördern und Ängste zu nehmen, ist nicht nur Aufgabe der Doula, sondern der ganzen Familie – insbesondere des Partners.

➤ ***Schwangerschafts-Ängste treten nur dann auf, wenn eine Frau sich einflusslos erlebt.***

Der Einfluss der Geburts-Situation auf das Schreien

Ein entspannter Start ins Familienleben hilft, mit Schrei-Problemen gelassen umzugehen. Eine möglichst „angenehme" Geburts-Situation trägt zu einem entspannten Start bei.

Das Hauptziel bei jeder Geburt ist es, die körperliche Gesundheit von Mutter und Kind sicherzustellen. In unseren Kliniken mit ihrem hohen medizinisch-technischem Standard wird alles dafür getan. Genauso wichtig für einen guten Verlauf der Geburt ist aber der emotionale Beistand, der von der Hebamme (oder Doula) und zum Teil vom Partner geleistet wird. Diese Erkenntnis führte zur Idee der Geburtshäuser. Schon der Begriff „Geburtshaus" hat – im Gegensatz zum Krankenhaus – nichts mit Krankheit zu tun. Im Geburtshaus ist die Geburtsumgebung mit Entspannungsmomenten angereichert (keine sterile Kreißsaalumgebung, Möglichkeiten für Wassergeburt usw.) und den Wünschen und Bedürfnissen der Eltern angepasst. Die Frauen werden als aktive Teilhaberinnen und Gestalterinnen des Geburtsgeschehens gesehen. Mittlerweile denken auch immer mehr Entbindungsstationen im Krankenhaus um und integrieren verschiedene Aspekte dieser Sichtweise in ihr Klinikprogramm.

Egal, ob Sie vorhaben, zu Hause, in einem Geburtshaus oder im Krankenhaus zu entbinden, sollten Sie sich ausführlich über die dortigen Gegebenheiten informieren:

- *„Wer steht mir bei der Geburt zur Seite?"*
- *„Bin ich im Fall einer Hausgeburt ausreichend medizinisch für einen Notfall versorgt?"*
- *„Spricht mich der Geburtsort an?"*
- *„Wie groß ist mein Mitspracherecht beim Geburtsablauf (bezüglich Anästhesie, Dammschnitt, Einleiten der Wehen …)?"*
- *„Darf ich in der Position gebären, die mir am angenehmsten ist (sitzend, stehend, Abrahams Schoß …), ist diese den Hebammen vertraut und besteht keine Skepsis? Darf ich mich während der Geburt frei bewegen und meine Position selbst wählen?"*

- *„Gibt es für mich geeignete Gebärhilfen, die ich zum Teil bereits aus dem Geburtsvorbereitungs-Kursus kenne (Deckenseil zum Festhalten, Gymnastikball, Gebärhocker ...)?"*
- *„Gibt es alternative Entbindungs-Möglichkeiten (zum Beispiel Wassergeburt)?"*

Geht eine Schwangere sicher und mit wenig Angst auf die Geburts-Situation zu, sinken Anspannung und Abwehrhaltung und damit auch die Schmerzempfindung. Deshalb ist die sorgfältige und individuell zur Schwangeren passende Wahl des Geburtsortes, der Geburtsbegleitung und (soweit planbar) von Geburtsablauf und -methode ein wichtiger Baustein für einen guten Lebens-Beginn und einen spannungsfreien Umgang mit dem Neugeborenen.

Eine besondere Position nimmt die Kaiserschnitt-Geburt ein. Die Kaiserschnitt-Entbindung kann das mütterliche Kompetenzgefühl und die Interaktion mit dem Säugling vorübergehend beeinträchtigen, auch sind die so zur Welt gekommenen Babys im Durchschnitt anfänglich (im ersten Monat) etwas unruhiger. Das sollte Anlass für alle Beteiligten sein, Mutter und Kind in den ersten Monaten nach der Geburt in besonderem Maße zu unterstützen und vor allem die Mutter in ihrem evtl. geschwächten Kompetenz-Gefühl zu stärken. Denn viele belastende Punkte kommen hier zusammen:

- Die Mutter braucht eine Vollnarkose
- Sie ist am Lebensanfang nicht dabei
- Sie hat Angst, dass der Beziehungsbeginn zu ihrem Kind erschwert ist – auch ihr Kind hatte schließlich eine Vollnarkose
- Sie ist nur auf Erzählungen angewiesen
- Und sie hat eine Operation hinter sich

Fast alle in diesem Zusammenhang gefundenen Effekte für Mutter und Kind gelten nur für ungeplante, durch spontane Geburts-Komplikationen notwendig gewordene, operative Entbindungen. Man sollte darauf vorbereitet sein, dass Mutter und Baby danach besondere Unterstützung brauchen. Vor allem eine Mutter, die vielleicht denkt, sie habe etwas falsch gemacht oder versagt, sollte nicht in dem Glauben gelassen werden, dass sie den Start ihrer Beziehung zum Kind verpatzt hat und von nun an alles schief laufen wird. Hier muss gegengesteuert werden. Ein reibungsloser Anfang macht den Start einer Mutter-Kind-Beziehung leichter, aber entscheidet sie nicht für die Zukunft. Auch bei Kaiserschnitt kann es einen „guten Anfang“ geben.

Nicht jedes ungeplant durch eine Operation entbundene Baby schreit mehr als seine Altersgenossen. Diese Verallgemeinerung sollte man auch nicht bei einer anderen Gruppe von Babys gelten lassen: den Frühgeborenen.

- **Angela** (26 Jahre alt) erinnert sich an die Geburt ihres Sohnes: *„Eine Frühgeburt! Das war ein Schlag. Unsere ganzen Familiennest-Pläne fielen ins Wasser.* ***Noah*** *musste in der Klinik bleiben. ‚Wir haben zwar einen Sohn bekommen, aber unser Kind ist im Krankenhaus', mussten wir allen sagen. Mitunter überkam mich eine tiefe Trauer, dass das jetzt vielleicht der Start für unendliche Schwierigkeiten sein würde. Ich sah schon Probleme bis in die Pubertät voraus. Am nächsten Tag musste ich über derartige Gedanken lächeln, doch ein Funken Misstrauen blieb: ‚Werden wir jemals die Baby-Kind-Zeiten erleben, die ich mir die ganze Schwangerschaft lang erträumt hatte?' Als uns jemand erzählte, dass Frühgeborene fast immer zu Schreibabys werden, konnte ich nicht mehr aufhören zu weinen. Ich wollte Noah an diesem Tag überhaupt nicht in der Klinik besuchen. Doch dann kam er nach Hause und schrie ganz wenig. Er trank, lächelte, wimmerte mal kurz und schlief. Statt das zu genießen, suchten wir nach allen möglichen Erklärungen, warum dieses für Frühgeborene ungewöhnliche Verhalten vielleicht doch ein noch nicht erkanntes nächstes Problem sein könnte. Eigentlich hat nur die gute Weiterentwicklung von Noah uns Skeptiker langsam aber sicher davon überzeugt, dass wir doch kein Schreikind haben.“*

Wenn überhaupt, dann schreien tatsächlich nur die *extrem* zu früh Geborenen mehr. Das sind die Babys, die mehr als zwei Monate zu früh auf die Welt kommen. Das ist jedoch nur eine Wahrscheinlichkeits-Aussage und keine Gesetzmäßigkeit. Auch hier finden sich deutliche Unterschiede zwischen den Babys.

Aber man kann auch bei sehr früh geborenen Babys Schrei-Probleme vermeiden. Viel Körperkontakt und Zuwendung reduziert die Unruhe der „Frühchen" drastisch. Dies wird durch die Känguru-Methode möglich, bei der das Frühgeborene auf der nackten Brust der Mutter oder des Vaters mit Hilfe der Kleidung des Erwachsenen oder durch Tücher festgehalten wird. Frühgeborene, die in der Säuglings-Station die Känguru-Methode erlebt hatten, schrieen nicht nur während der „Känguru-Zeit" deutlich weniger, sondern sogar noch ein halbes Jahr danach – eine echte Zukunfts-Investition.

➤ *Auch bei sehr früh geborenen Babys kann man Schrei-Probleme vermeiden. Mit viel Körperkontakt und Zuwendung.*

Der direkte Hautkontakt und das Getragenwerden führen nicht nur zu einer Verringerung der Schreiausbrüche – die „Frühchen" sind auch entspannter. Sie schlafen mehr und lächeln häufiger.

Doch nicht nur Frühgeborene profitieren vom frühen Hautkontakt in den ersten Lebensstunden. Jedes Baby bevorzugt den Platz bei der Mutter statt den im Bett nebenan – allein schon, weil seine Thermoregulation noch nicht optimal funktioniert. Durch den Hautkontakt steigt die Körpertemperatur des Neugeborenen um ein halbes Grad. Der Erstkontakt nach der Geburt macht die Babys auch noch Wochen nach der Geburt ruhiger, wacher und lässt sie häufiger lächeln. Der menschliche Säugling ist von Anfang an auf viel körperliche Nähe eingestellt. Nichts spricht dagegen, sie ihm zu gewähren.

Die Rolle der Väter bei der Geburt sollte keinesfalls unterschätzt werden. Der bei der Geburt anwesende Partner ist eine Erfindung der Neuzeit und findet sich nur in den wenigsten Kulturen weltweit und dort auch meist nur als passiver Zuschauer. Ein natürliches „Handwerkszeug", um mit der Geburts-Situation umgehen zu können, kann also bei Vätern nicht vorausgesetzt werden.

In Deutschland ist die Geburt in Anwesenheit des Vaters jedoch die Regel geworden. Aber Väter werden auf ihre Rolle während der Geburt immer noch ungenügend vorbereitet. Selbst wenn sie aufgrund eines längeren Geburtsvorbereitungs-Kurses und vorheriger Absprachen mit ihrer Frau ungefähr wissen, wo ihre Aufgabe ist, können die Verhältnisse im Kreißsaal alles noch einmal auf den Kopf stellen. Die Frau steht zumindest in der Endphase nicht mehr als Ansprechpartnerin zur Verfügung. Und die Hebamme ist meist auf eine stärkere Beteiligung des Vaters nicht ausreichend vorbereitet.
Drei Formen der väterlichen Geburtsbeteiligung können unterschieden werden: Der „Coach" beherrscht die Situation, indem er der Mutter durch die Wehen und die Geburt hilft, der „Team-Partner" sieht sich selbst als aktiven Teil eines Teams, indem er seine Frau zum Beispiel stützt, und der „Zeuge" ist reiner Beobachter der Entbindung und der Geburt seines Kindes.
Aktive väterliche Geburtshelfer, die eine bedeutungsvolle Aufgabe fanden, sind von der Geburtserfahrung begeistert.

- **Christoph** (36 Jahre alt) denkt gern an die Geburt seiner Tochter zurück: *„Ich fühlte eine starke Verbundenheit zu meiner Frau und konnte sie unterstützen. Als Marie dann da war, war es ein unbeschreiblicher Moment."*

Ein positives Geburtserlebnis ist dem reinen Zuschauer jedoch selten beschert. Insbesondere wenn Geburts-Komplikationen auftreten, fühlt der nur zuschauende Vater sich oft hilflos, der Kontrolle über das Geschehen beraubt und bezeichnet das Geburtsgeschehen im Nachhinein als negativ.

- **Jochen** (34 Jahre alt) empfand sich eher als Unbeteiligter: *„Es war schrecklich, einfach nur daneben zu stehen und nichts machen zu können. Nach der Geburt waren eine Zeitlang nur Frauen dabei, und ich hatte das Gefühl, das alles gehe mich nichts an."*

- **Alexander** (29 Jahre alt) fühlte sich überfordert: *„Die Entbindung war schrecklich. Elias hatte die Nabelschnur um den Halt gewickelt, und er sah blass und blutverschmiert aus. Da dachte ich: ‚Jetzt ist das Baby tot'."*

Solche negativen väterlichen Geburts-Erfahrungen können auch auf das Neugeborene eine anhaltende negative Wirkung haben. Mehr als sonst fanden sich in solchen Familien Babys, die mehr als üblich schrieen. Nicht immer gaben dramatische Geschehnisse im Kreißsaal Anlass für das Gefühl des Kontrollverlustes beim Vater. Manchmal reichten dafür ein Dammschnitt oder ein nicht wirkendes Schmerzmittel aus. Nicht für jeden Mann ist die Geburt und das Mitansehen der weiblichen Geburts-Schmerzen auszuhalten. Der Vater sollte nur aus eigener Überzeugung, nicht aus gesellschaftlichem Druck an der Geburt teilnehmen. Doch auch mit Überzeugung braucht es eine gute Vorbereitung und eine Hebamme, die den Vater mehr in den Geburtsprozess einbezieht. Auch wollen nicht alle Frauen ihren Partner bei der Geburt dabei haben. Ehrlichkeit in diesem Punkt ist wichtig, um die Geburt ohne Vorbelastung in Angriff nehmen zu können.

Das Wochenbett

Wenn die Geburt für Eltern und Kind einen wichtigen Impuls in die richtige Richtung gibt, sind die Tage nach der Geburt – das sogenannte Wochenbett – noch wichtiger für einen guten weichenstellenden Beginn. Bereits die Entscheidung, ob die Tage danach im Krankenhaus verbracht werden oder die Familie lieber nach wenigen Stunden der Ruhe in ihr Zuhause zurückkehrt, ist ein wichtiger, ganz individueller Entschluss. Wenn der Krankenhaus-Aufenthalt die Mutter belastet, überträgt sich die Stimmung auch auf ihr Baby und lässt es unruhiger werden. Eine gute Wochenbettwahl sorgt für einen entspannten Start – eine falsche Entscheidung kann sehr belastend wirken.

➤ ***Fühlt sich die Mutter belastet, überträgt sich die Stimmung auf ihr Baby und lässt es unruhiger werden.***

- **Manuela** (32 Jahre alt)*: „Ich empfand die Zeit im Krankenhaus als stark belastend. Das Kind wurde mir dauernd weggenommen – und auf mich wurde wenig eingegangen. Ich musste um mein Kind betteln, wenn ich es haben wollte.“*

Meistens empfinden die Mütter den Klinik-Aufenthalt als angenehm, weil sie sich gut versorgt fühlen und sich um nichts kümmern müssen. Ein wichtiges Argument gerade, wenn noch Geschwisterkinder zu Hause sind. Allerdings gibt es einige Einschränkungen, weil sich viele Mütter zu sehr in den Klinikablauf eingezwängt sehen und sich manchmal durch die Schwestern bevormundet fühlen. Die Auswahl der richtigen Klinik sollte auch unter diesem Gesichtspunkt erfolgen.
In unseren Untersuchungen erwies sich die Kontaktzeit des Kindes mit seiner Mutter in der Klinik als entscheidend für die Unruhe der kommenden Wochen. Wenn Mutter und Kind die ganze Zeit im selben Zimmer untergebracht waren – so dass die Mutter nachts sofort auf die Lautäußerungen und das Verhalten ihres Kindes reagieren konnte – waren die Babys in ihrem Schreiver-

halten nicht von Babys zu unterscheiden, die zu Hause oder ambulant entbunden worden waren. Allerdings waren die Kinder, die im Krankenhaus nur einen Teil des Tages bei ihrer Mutter verbracht hatten, häufiger krank und unruhiger. Ob sie nun wegen der Erkrankung mehr schrieen oder sich ihre Unzufriedenheit über die Trennung von der Mutter gleichzeitig in Protest und einer Schwächung des Immunsystems äußerte, kann man nicht genau sagen. Auch mit einem weiteren Problem hatten die Mütter, die ihr Kind zu Hause oder ambulant in der Klinik entbanden, seltener zu kämpfen: mit den sogenannten „Heultagen" bzw. der Wochenbett-Depression. Das vertraute Zuhause, die Gestaltungs-Freiheit des Tagesablaufs mit dem Kind oder die fehlende Konfrontation mit einer klinischen Umgebung können die Umstellung auf die neue Lebenssituation mit Kind offensichtlich abpuffern. Nur jede fünfte dieser Mütter zeigte die üblichen Stimmungs-Schwankungen nach der Geburt, die sich in Weinerlichkeit, Ängstlichkeit und Erschöpfung äußern. Aber jede zweite Frau, die ihr Wochenbett in der Klinik verbrachte, zeigte diese kurzfristige Verstimmung. Zum Glück klingen solche Stimmungs-Schwankungen meist nach wenigen Tagen ab und münden nur in ganz seltenen Fällen nach etwa zwei Wochen in eine länger andauernde Wochenbett-Depression.

Stimmen aus dem Wochenbett

- *„Beim ersten Kind kam das heulende Elend nach einer Woche Krankenhaus. Aber diesmal war mein Mann da und die Nachsorgehebamme, die ich alles fragen konnte. Die Heultage fielen aus."*
- *„Ich hab' mich ständig persönlich angegriffen gefühlt. Und ich war unheimlich kritikempfindlich, von morgens bis abends."*
- *„Es ging mir körperlich sehr mies. Als meine Schwiegermutter ging, hatte ich Panik, dass ich das nicht schaffe."*
- *„Der Baby-Blues begann am dritten Tag und hörte erst nach vier Wochen auf. Dabei war ich am Anfang so euphorisch gewesen."*
- *„Ich war überhaupt nicht depressiv. Ich war wie im Rauschzustand."*

- *„Alles war in Ordnung – das ganze Haus war voll Euphorie."*
- *„Ich war bereits vor der Geburt übersensibel. Das dauerte bis 14 Tage nach der Geburt. Ich weiß nicht, warum – aber ich musste immer nur weinen."*
- *„Ich war weinerlich, richtig hysterisch. Die wohligen Laute meines Babys waren mir fremd. Ich hatte Panik, dass ich wie beim ersten Kind wegen einer Infektion auf die Intensivstation müsste."*
- *„Mir war in der zweiten Woche nach der Geburt oft zum Heulen. Ich dachte daran, dass die Schwangerschaft nun vorbei ist, und musste einfach weinen."*

Heultage, besser bekannt als Baby-Blues, sind keinesfalls ein zwangsläufiges Phänomen, dem jede Frau nach der Geburt schutzlos ausgeliefert ist. Oft werden hormonelle Ursachen genannt. Dabei sind die wissenschaftlichen Ergebnisse äußerst widersprüchlich. Es ist nicht nachgewiesen, ob und in welchem Maße die Hormone bei den Heultagen eine Rolle spielen. Beim ersten Kind bekommen die jungen Mütter viel häufiger den Baby-Blues als beim zweiten Kind – die hormonellen Veränderungen sind jedoch die gleichen.
Statt nach hormonellen Ursachen zu suchen, sollte man die Psyche der Mutter berücksichtigen. Die Phase nach der Geburt bedeutet einen schwierigen und aufwändigen Umstellungs-Prozess für die Mutter, aber auch für den Vater. Die an der Wochenbett-Zeit beteiligten Personen – Krankenschwestern, Hebammen und Verwandte – können diesen Anpassungs-Prozess durch Aufmerksamkeit, Stärkung des mütterlichen Selbstbewusstseins und Entlastung in Alltagsdingen fördern, aber auch durch Bevormundung und mangelnde Sensibilität erschweren. Manchmal macht sich die negative Wochenbettstimmung auch beim Baby durch Unruhe bemerkbar. Umgekehrt kann eine entspannte Wochenbett-Zeit Unruhe und Schreien verringern.

➤ Eine entspannte Wochenbett-Zeit kann Unruhe und Schreien verringern.

- **Tobias** war ein Frühgeborenes – in der 36. Woche geboren. Er konnte aber nach zwei Tagen Klinikaufenthalt zur Überwachung (wegen Glucosemangel) mit seiner Mutter nach Hause. Beim Entlassungs-Gespräch wurden die Eltern darauf hingewiesen, dass Frühgeborene oft unruhig sind und schreien. *„Je besser Sie ihr Kind bereits kennen, bevor das Schreien nach wenigen Wochen beginnt, desto weniger wird es sich zuspitzen."*
Die Mutter erinnert sich an Stillprobleme, genauer Trinkprobleme, die sie darauf zurückführte, dass Tobias ein sehr schwaches Kind war. *„Es gelang uns aber, eine besondere Atmosphäre zu schaffen, die schnell eine gute und für beide Stillpartner praktikable Lösung zwischen Brust und Flasche möglich machte. Mein Mann nahm seinen Jahresurlaub, so dass wir den ersten Monat zu dritt im Bett, in unserem ‚Nest' verbringen konnten. Zu Schreiproblemen kam es nie. Nach etwa zwei Monaten fragte mein Mann, wann denn das Schreien nun kommen würde. ‚Ich glaube, wir haben es vergessen', sagte ich."*

Entwicklungsgeschichte und Kultur

Das Wochenbett in traditionalen Gesellschaften

In traditionalen Gesellschaften wird die junge Mutter bei ihren Haushalts-Tätigkeiten entlastet. Anfangs, direkt nach der Geburt eines Kindes, übernehmen ihre Mutter, Geschwister und andere Verwandte einen Großteil der Alltags-Aufgaben, damit sie sich weitgehend ungestört dem Neugeborenen widmen kann. Nach dieser speziellen Art des Wochenbetts erhält sie dann Hilfe bei der Betreuung des Kindes. Das so genannte Allo-mothering – eine Situation, bei der mit Mutter und Kind zusammenlebende und beiden vertraute Personen des Sozialverbandes das Baby mitbetreuen – entlastet die Mutter, trennt jedoch Mutter und Kind nicht. Sobald das Kind Zeichen gibt, dass es zur Mutter will, Hunger hat, sich erschreckt hat, müde wird oder aus anderen Gründen weint, wird es sofort der Mutter zurückgegeben. Die Hälfte der Wachzeit verbringt das Kind in Körperkontakt mit seiner Mutter. Die andere Hälfte aber übernehmen andere Bezugspersonen, von denen der Vater die wichtigste Rolle spielt.

Eine unproblematische Wochenbett-Situation lässt sich dadurch schaffen, dass sich beide Elternteile gleichzeitig von ihrer Arbeit freistellen lassen. So können sie sich in den ersten Monaten gemeinsam um ihr Baby kümmern. Diese sogenannte Elternzeit (früher Erziehungs-Urlaub) sichert jedoch nur den *Arbeitsplatz* der Eltern – nicht deren *Einkommen*. Das Erziehungsgeld ist ein besseres Taschengeld, mehr nicht. Ideal wäre es, wenn mindestens die ersten drei Monate für die junge Familie beruflich *und* finanziell frei gehalten werden könnten, damit die Familie sich mit der neuen Situation in aller Ruhe vertraut machen kann. Das kann der Grundstein für eine gute zukünftige Familien-Atmosphäre sein, in der Schrei-Probleme gar nicht erst entstehen.
Betrachtet man den Mutter-Säugling-Alltag bei uns, bringen die Geburt eines Kindes und der Start in die Mutterschaft zumindest für die Frau oft einschneidende Veränderungen mit sich. Ein neuer Lebensabschnitt beginnt – vor allem für die bislang berufstätige Frau –, der erschreckend wenig mit dem bisherigen Leben gemeinsam hat. Der häusliche Beruf „Mutter und Hausfrau“ muss bewusst vorbereitet werden, da sich vieles durch den Übergang von der Berufstätigkeit zur Familientätigkeit ändert. Ist dieser Übergang erwünscht, wird die Umstellung einfacher werden. Dennoch bleibt es eine Umstellung.

Beruf: Mutter und Hausfrau

- Eine größere Familie braucht eine größere Wohnung, die geräumiger, aber günstig sein sollte, da zumindest zeitweilig ein Gehalt entfällt. Dadurch kann ein Umzug aufs Land anstehen. Das bedeutet einen Wechsel der bisherigen Lebensumwelt.
- Falls Bekannte bisher fast ausschließlich über die Ausbildung oder die Arbeit gefunden worden sind, müssen neue Wege zur Kontaktaufnahme eingeschlagen werden.
- Die Erfahrung zeigt, dass jungen Müttern, die aus dem Berufsleben kommen, häufig die regelmäßige Ansprache und der Kollegenkreis fehlen.

- Ohne eigenes Einkommen und finanziell abhängig vom Gehalt des Mannes zu leben, bedeutet eine Umstellung – vor allem einen nötig werdenden Einstellungs-Wandel.
- Wie schätzt die junge Mutter selbst den Wert von Erziehungs- und Familienarbeit ein? Davon hängt ihr Bedürfnis nach Anerkennung ihres persönlichen Opfers oder nach Bestätigung für ihre Überzeugung ab.

Mutter-Säugling-Alltag kann Alleinsein mit dem Kind bedeuten. Denn ohne Eigenmotivation und väterlichen Einsatz kann aus der Mutter-Kind-Beziehung schnell eine gemeinsame Mutter-Kind-Isolation werden. Spätestens dann wird Mutterschaft als „ausgegliedert aus dem Normalleben" empfunden. Kommt dann noch ein anspruchsvolles, kontaktbedürftiges, gar ein Schreibaby dazu, ist die Überforderung komplett. Jetzt braucht man Hilfe von außen.

Kapitel 3: Das Wichtigste in Kürze

- Schreiprävention fängt bereits vor der Geburt des Babys mit der Schaffung eines tragfähigen Kontaktnetzes an.
- Die Auswahl einer geeigneten Person, die die Frau durch Schwangerschaft, Geburt und Wochenbett begleitet, erleichtert den Übergang zum neuen Leben mit Kind.
- Gesprächspartner aus der Zeit der Geburtsvorbereitung mit hinüber zu nehmen in die Zeit nach der Geburt, erhöht die Sicherheit im Umgang auch mit einem unruhigen Baby.
- Eine gute Vorbereitung und die richtige Wahl eines zur Familie passenden Entbindungsortes machen eine problemlose Geburt wahrscheinlicher.
- Ein gelungener Start ins Leben stärkt die Eltern und verringert die kindliche Unruhe.
- Auch zu früh oder durch Kaiserschnitt geborene Babys kann man durch viel Körperkontakt und Zuwendung vor übermäßiger Unruhe bewahren.
- Rooming-in ist eine gute Schreiprophylaxe.
- Heultage müssen nicht sein.

4

Exzessives Schreien: Erkennen, Verstehen, Beruhigen

In diesem Kapitel erfahren Sie, …

- warum manche Babys schreien – und was man dagegen tun kann
- ob Ihr Baby tatsächlich ein Schreibaby ist
- warum Baby-Schreien nichts mit Temperament zu tun hat
- was Sie tun können, um Ihrem Schreibaby und sich zu helfen
- was Sie tun können, wenn Ihr Baby schon älter als vier Monate ist, aber immer noch viel schreit
- dass es allein um Ihr Baby geht – und nicht um Ihr Wunschbild von einem Baby
- wie Sie lernen können, mit Wut und Verzweiflung fertig zu werden

Babys, die mehr als andere schreien

- **Anna** (31 Jahre alt) hat mit ihrem Sohn **Niklas** eine schwere Schrei-Zeit hinter sich. *„Während der Schwangerschaft haben meine Eltern immer gesagt: ‚Das schaffst du nie, allein mit einem Kind. Du bist viel zu unausgeglichen und viel zu unstrukturiert'. Tag und Nacht habe ich ihre mal vorwurfsvollen, mal bemitleidenden Kommentare gehört. Dann kam Niklas, und wir waren allein. Und Niklas begann zu schreien. Mal vorwurfsvoll, mal leidend – auf alle Fälle immer so, dass ich mir meiner Unzulänglichkeit als Mutter endgültig bewusst wurde. Wir hatten es fast ein Vierteljahr sehr schwer miteinander. Als das Schreien endlich weniger wurde, brauchten wir lange, uns ohne Angst näher zu kommen. Es schien, als würden wir beide dem Frieden noch nicht trauen."*

Jedes siebte bis zehnte Baby schreit bedeutend mehr als die anderen Kinder seines Alters. Nach der klassischen Regel des amerikanischen Kinderarztes *Morris Wessel* bezeichnete man bis vor einigen Jahren Neugeborene, die mehr als drei Stunden am Tag, an mehr als drei Tagen in der Woche und während mehr als drei Wochen schreien oder quengeln, als Kolik- oder Bauchweh-Babys. Man weiß inzwischen, dass die Dreimonats-Kolik nichts mit Bauchschmerzen zu tun hat und dass Schreibabys nicht deshalb soviel schreien, weil sie eine Kolik oder Bauchweh haben. Deshalb bezeichnet man die Babys besser als exzessive Schreier und das Symptom nicht mehr als Kolik, sondern als exzessives Schreien.

➤ Jedes siebte bis zehnte Baby schreit bedeutend mehr als die anderen Kinder seines Alters.

Bei den allermeisten Kindern – in fünf von sechs Fällen – endet das exzessive Schreien mit dem dritten oder vierten Lebensmonat. Die wenigen Babys, die über diesen Zeitraum hinaus weiterhin durch außergewöhnlich lang andauernde Unruheperioden auffallen, unterscheiden sich in vielen Punkten von den

„regulären" Schreibabys, sodass man hier seit kurzer Zeit vom persistierenden Schreien bzw. irregulärer Kolik spricht.
Kinderärzte und Schreiambulanzen, die mit dem Problem konfrontiert werden, verlangen keinen Nachweis darüber, ob das von den Eltern vorgestellte Baby tatsächlich so viel schreit, wie es der sogenannten Wessel-Regel entspricht. Ihnen genügt das Wissen, dass die Eltern wegen der Unruhe ihres Babys besorgt sind und deshalb den Kontakt zu ihnen suchen.

Exzessives Schreien – Behauptungen und Tatsachen

Was es nicht ist

Bevor ich zu den tatsächlichen Ursachen des exzessiven Schreiens komme, möchte ich mit ein paar Behauptungen aufräumen, die immer noch zu hören und zu lesen sind. Einmal in die Welt gesetzt, sind sie schwer wieder los zu werden. Sie werden mündlich weiter getragen oder unkritisch abgeschrieben.

- Dass exzessives Schreien in allerhöchstens einem von 20 Fällen tatsächlich etwas mit Blähungen und dem Verdauungs-System zu tun hat, wird schlichtweg ignoriert. Das hat jedoch zur Folge, dass die Aufmerksamkeit der Eltern und der Ärzte auf den Bauch statt auf das gesamte Baby und sein Verhalten gelenkt wird. Blähungen sind nachrangig, wenn es um das exzessive Schreien geht, und sollten nicht als erste, sondern als letzte Ursache in Betracht gezogen werden (siehe „Alles nur Blähungen?“ in diesem Kapitel). Auch ein langanhaltender Reflux – das Zurückfließen von Magensaft in die Speiseröhre (der sogenannte GÖR) – spielt für das Gros der Schreibabys keine ursächliche Rolle.
- Ein weiteres Klischee betrifft das Geschlecht der Schreibabys: Es sind nicht vorwiegend Jungen, sondern genauso oft Mädchen. Jungen sind für die meisten Krankheiten in den ersten Lebensjahren anfälliger – also noch ein Hinweis, dass es sich beim exzessiven Schreien eben nicht um eine Krankheit handelt.
- Ebenfalls keine Rolle spielen das Einkommen, die Schicht-Zugehörigkeit der Eltern und ihr Ausbildungs-Stand. Intellektuelle Vorerfahrung scheint für die Fähigkeit, auf das Baby beruhigend einwirken zu können, keine Bedeutung zu haben. Das verwundert nicht, da in den ersten Monaten die intuitiv angeborenen Fähigkeiten der Eltern weitaus wichtiger sind als intellektuelle Kompetenzen.

- Eltern, die ihr erstes Baby bekommen haben, sprechen häufiger wegen Schreiproblemen mit ihrem Kinderarzt als Eltern, die bereits ihr zweites oder drittes Baby haben. Allerdings zeigen Tagebuch-Aufzeichnungen, dass Babys von Erstgebärenden tatsächlich nicht häufiger exzessiv schreien als Säuglinge von Mehrfachgebärenden. Eltern, die zum ersten Mal mit dem Schreien eines Babys konfrontiert werden, sind also lediglich etwas unsicherer und brauchen häufiger Bestätigung von außen, dass mit ihrem Kind alles in Ordnung ist.
- Mütter von Schreibabys sind auch keineswegs zu wenig einfühlsam oder emotional, wie manchmal behauptet wird. Das zeigt sich bereits daran, dass es in den betroffenen Familien häufig Geschwisterkinder gibt, die als Baby wenig geschrieen haben. Aber auch Verhaltens-Beobachtungen von Mutter und Kind in betroffenen Familien haben gezeigt, dass die Bemutterung „gut genug“ ist und keineswegs schlechter als in Familien ohne Schreibaby.
- Auch frühgeborene Kinder neigen nicht generell zu einer Karriere als Schreibaby, wie es oft dargestellt wird. Nur die extremen „Frühchen“ haben ein erhöhtes Risiko, in den ersten Monaten übermäßig viel zu schreien. Damit gemeint sind Babys, die mehr als zwei Monate zu früh auf die Welt kommen.

Aktuell in die Diskussion geraten ist das sogenannte KISS-Syndrom, abgekürzt für „Kopfgelenk-induzierte Symmetrie-Störung“. Dabei handelt es sich um eine Fehlstellung des Kopfgelenks im Nackenbereich, die sich auf die Wirbelsäule auswirkt. Eine schiefe Kopfhaltung, die Schiefstellung anderer Körperteile oder des ganzen Körpers können sichtbare Folge davon sein. Diese Wirbelsäulen-Problematik verursacht oft Kopfschmerzen und wird neuerdings in Zusammenhang mit dem exzessivem Schreien gebracht. Unter den Schreibabys sollen sich viele KISS-Kinder befinden. Aber: Bis heute gibt es zu dem vermuteten Zusammenhang zwischen KISS und exzessivem Schreien noch keine wissenschaftliche Untersuchung. Es ist noch nicht einmal klar, ob und wie stark die Fehlstellung Babys tatsächlich schmerzt und beeinträchtigt. Wie viele Babys haben überhaupt KISS? Sind es sehr viele, könnte es rein zufalls-

bedingt sein, dass viele Schreibabys gleichzeitig auch KISS haben, ohne dass das eine etwas mit dem anderen zu tun hat. Auch ist bislang die Aussage, unter den Schreibabys wären viele mit KISS, ungeprüft.
Solange das alles nicht geklärt ist, handelt es sich um Arbeitshypothesen, die durch methodisch sichere Studien bestätigt oder widerlegt werden müssen. Es gibt zu viele zuerst unbewiesene, aber vehement vertretene Hypothesen, die zwar später eindeutig widerlegt werden, aber bis dahin – und manchmal darüber hinaus – viele Eltern im Umgang mit ihrem Kind verunsichern können.

Was es ist

Am vorübergehenden exzessiven Schreien, das auf die ersten drei bis vier Monate begrenzt ist, sind zwei Seiten beteiligt: die Kinder und die Betreuungs-Personen. Das erste Vierteljahr ist zudem eine ganz besonders kritische Zeit. Weil Menschen-Babys – physiologisch gesehen – drei Monate zu früh auf die Welt kommen und deswegen in dieser Zeit grundsätzlich besondere Anpassungs-Probleme haben. Die Schreibabys haben kein schwieriges Temperament, das sie von Geburt an mitbringen und das Schreien verursacht.

Aber: Schreibabys …

- sind empfindlicher
- haben intensivere Reaktionen
- neigen zu einer überschnellen Reaktion
- haben also eine erhöhte Reaktivität und eine verringerte Selbstregulations-Fähigkeit
- brauchen mehr regulierende Hilfe von außen, um die im Tagesablauf ständig anstehenden Wechsel von ruhigeren zu aktiveren, von aufmerksamen zu mehr in sich gekehrten Phasen zu bewältigen.

➤ Ihre Zuwendung dämpft die Aufgeregtheit Ihres Babys, mindert die Intensität seines Schreiens und verringert die Schreidauer.

Hier liegt Ihre Aufgabe als Eltern. Ihr schreiendes Baby braucht mehr Unterstützung als die pflegeleichteren Babys, die Sie vielleicht aus eigener Erfahrung oder aus Ihrem Bekanntenkreis kennen.
Wie Sie wissen, erwartet jeder Säugling von Natur aus von seinen Eltern, dass sie seine Signale prompt wahrnehmen, auf seine Nahrungs-, Schlaf- und Anregungs-Wünsche eingehen und ihm viel körperliche Nähe bieten. Wenn Sie diese Erwartungen erfüllen, werden Sie zwar aus Ihrem Schreibaby keinen stabil ausgeglichenen „Sonnenschein" machen – aber Ihre Zuwendung dämpft seine Aufgeregtheit, mindert die Intensität des Schreiens und verringert die Schreidauer. Jedes Baby braucht viel Zuwendung – und Schreibabys brauchen besonders viel. Schenken Sie Ihrem Baby so viel Liebe, Nähe und Zuwendung, wie Sie nur können. Und haben Sie keine Angst, es zu sehr zu verwöhnen. Ein Kind kann man gar nicht genug verwöhnen.
Schreibabys fällt es schwer, ihr hohes Erregungs-Niveau für aufmerksame Wachphasen und Zeiten der Interaktion mit den Erwachsenen zu nutzen. Sie verbringen die Abende noch mit Schreien – zu einem Zeitpunkt, an dem die ruhigeren Babys im zweiten und dritten Monat bereits anfangen, längere Dialoge mit ihren Eltern zu führen – mit Blicken, Lauten und Gesten. Darum ist es wichtig, die seltenen, aber vorhandenen Zeiten, in denen auch Ihr Schreibaby bereit ist, mit Ihnen ins Gespräch zu kommen, zu nutzen, um Ihrem Baby – aber auch sich selbst – diese bestärkende und ermutigende Lernerfahrung zu ermöglichen. Mit der Zeit werden Sie und Ihr Kind zu einem Team, dem es gelingt, das Abendschreien in abendliches Spiel zu wandeln. Erschöpfung und Wut können jedoch Ihre eigene Interaktions-Bereitschaft verhindern. Allein aus diesem Grund ist es wichtig, sich dagegen zu schützen.

- **Martina** (31 Jahre alt) kam mit der Umstellung von der Karriere-Frau zur Mutter nur schwer zurecht – zumal ihr Sohn **Max** ein exzessives Schreibaby war und auch heute, mit fast zwei Jahren, immer noch kein ruhiges Kind ist. *„Mit allem habe ich sehr früh begonnen. Ich war noch nicht sechs Jahre als, als ich eingeschult wurde. Bei meiner mittleren Reife war ich 15 – einige meiner Klassenkameraden waren aber bereits 17 Jahre alt. Die Ausbildung ging flott, so dass ich mit 28 Jahren schon über zehn Jahre lang gearbeitet hatte – und zwar immer voll Power, von morgens bis abends. Nie war Ruhe. Dann sollte sich mein Leben deutlich verändern. Ich wollte mehr zu mir finden und etwas Ruhe haben, um über mich und meine Zukunft nachzudenken. Wir meinten, das sei der beste Zeitpunkt, ein Kind zu bekommen. Schon die Schwangerschaft war nicht so, wie ich sie mir vorgestellt hatte. Über die Geburt will ich gar nicht reden. Die Zeit im Krankenhaus war Horror. Ich glaube auch für Max. Denn als wir nach einer Woche nach Hause kamen, hat er Luft geholt und nur noch ohne Ende geschrieen. Wenn wir gewusst hätten, auf was wir uns da einlassen! Heute ist Max 21 Monate alt und schreit für unsere Ohren immer noch viel. Er kommt uns auch so unruhig vor, zumal er viel krank ist. Der Kinderarzt findet alles gar nicht so außergewöhnlich. Das wundert uns. Zum Nachdenken bin ich noch keinen Tag gekommen, aber ich merke, dass ich ganz aufmerksam werde, wenn jemand von einer freien Stelle erzählt. Ich werde bald wieder arbeiten. Im Moment können wir uns nicht vorstellen, das Abenteuer Kind nochmal auf den Plan zu setzen.“*

Hält das exzessive Schreien nach dem dritten oder vierten Monat noch an (persistierendes Schreien), sind mehr als die üblichen, bereits geschilderten Faktoren beteiligt. Häufig finden sich zahlreiche Belastungs-Faktoren auf Seiten des Kindes und der Familie, die meist nicht mehr von der Familie allein bewältigt werden können. Diese Faktoren müssen keineswegs die Ursache für das Schreien sein. Aber sie sind mit daran beteiligt, wenn das familiäre Gleichgewicht kippt, und die Gefahr einer Kommunikations- und Beziehungs-Störung zwischen Eltern und Kind bzw. einer Entwicklungs-Störung des Kindes besteht.

Mangelnde soziale Unterstützung hat keinen direkten Einfluss auf das Schreien – aber sie entscheidet mit darüber, wie stark das Schreien die Eltern belastet. Häufig sind Ursache und Wirkung schwer zu trennen, weil die Belastungs-

Faktoren und das Schreien sich gegenseitig beeinflussen können. Ein schwieriges, schreiendes Kind kann seine Eltern ängstigen. Die Ängste können die Eltern daran hindern, den kindlichen Alltag zu strukturieren und sicher mit dem Baby zu kommunizieren, was wiederum das kindliche Schreien forciert. Verstärktes Schreien erhöht erneut die Ängste der Eltern – und so weiter und so fort. In diesem Zusammenhang lassen sich viele Teufelskreise und Abwärts-Spiralen finden. Ängste abzubauen, die soziale Unterstützung zu verbessern, elterliche Kompetenzen zu stärken sind deswegen auch vorrangige Aufgaben, um aus den Teufelskreisen herauszukommen. Damit an die Stelle von Verunsicherung, Frustration, Erschöpfung und verletztem Selbstwertgefühl wieder Freude, Entspannung und Selbstsicherheit treten können.

In einzelnen Fällen kann dem exzessiven Schreien allerdings auch tatsächlich eine organische Ursache zugrunde liegen. Am ehesten noch eine Unverträglichkeit von Kuhmilch-Eiweiß, was bei ausreichenden Verdachts-Momenten einfach zu überprüfen ist: Schreit das Baby immer noch, wenn die stillende Mutter keine Kuhmilch mehr trinkt, bzw. wenn sie ihr Baby mit Sojamilch oder hypoallergener Milch füttert? Eine Ernährungs-Umstellung sollten Sie auf jeden Fall sorgfältig mit Ihrem Kinderarzt absprechen.

Wissenschaft und Forschung

Risikofaktoren für eine Kommunikations- und Beziehungs-Störung zwischen Mutter und Kind

- Psychosoziale Belastungsfaktoren (z.B. finanzielle Schwierigkeiten, unerwünschte Schwangerschaft)
- Partnerkonflikte (z.B. über elterliche Rollen oder das Erziehungs-Verständnis)
- Mangelnde soziale Unterstützung der Mutter, Isolation
- Stress und Ängste in der Schwangerschaft
- Schwieriges Temperament, mangelnde Beruhigbarkeit, erhöhte Irritierbarkeit des Babys
- Beeinträchtigtes psychisches Wohlbefinden der Mutter (Wochenbett-Depression, psychiatrische Erkrankungen)
- Nicht funktionierende Kommunikationsmuster zwischen Eltern und Kind (überstimulierend, unterstimulierend, inadäquat)

(nach Sarimski und Papousek, 2000)

Andere organische Gründe wie Reflux, Säuglings-Migräne, Fruktose-Intoleranz und andere mehr sind selten. Sie führen zum sekundär exzessiven Schreien. Dabei schreit das Baby wegen der Schmerzen. Sobald das Leiden behoben ist, hört das Schreien schlagartig wieder auf. Das Schreien in solchen Fällen ist natürlich auch nicht auf die ersten drei bis vier Monate beschränkt. Wenn Sie einen Verdacht auf einen solchen außergewöhnlichen Befund haben, weil Sie bei Ihrem Kind Besonderheiten beobachtet haben, sollten Sie das sofort mit Ihrem Kinderarzt abklären und dazu nicht den nächsten U-Termin abwarten.

➤ Mangelnde soziale Unterstützung hat keinen direkten Einfluss auf das Schreien – aber sie entscheidet mit darüber, wie stark das Schreien die Eltern belastet.

Das Schrei-Tagebuch – eine erste Hilfe, die für Klarheit sorgt

Wenn Ihr Baby so oft schreit, dass es für Sie zum Problem wird, ist das immer ein Grund etwas zu unternehmen – etwa Ihren Kinderarzt zu fragen. Es ist oft hilfreich, vor und auch nach dem Kinderarzt-Termin ein Schrei- oder besser noch ein umfassendes Verhaltens-Tagebuch zu führen um festzustellen, wie viel Ihr Baby tatsächlich schreit, wann es das tut und wann es ruhige Phasen einlegt, in denen Sie mit ihm ins „Gespräch" kommen können. Die Ergebnisse können Ihren subjektiven Eindruck bestätigen, aber auch überraschend unerwartet sein.

Zeit wird als unterschiedlich lange empfunden. Sind die Schreizeiten besonders stressvoll oder ängstigend für Sie, dehnen sich die Minuten spürbar aus. Wenn Sie bereits Erfahrung mit einem Schreibaby gemacht haben, ist das Schreien beim zweiten Kind schon nicht mehr so nervenaufreibend. Oft werden Vergleiche mit dem ersten Kind gezogen. War schon Ihr erstes Baby unruhig, nehmen Sie das Schreien des zweiten gelassener – war das erste Baby pflegeleicht, wird die Unruhe des zweiten als besonders belastend erlebt. Auch eigene Ängste oder Unsicherheiten können die Einschätzung Ihres Babys verzerren.

➤ Es macht einen Unterschied, ob Ihr Kind objektiv gesehen zu viel schreit oder „nur" auf Grund Ihres subjektiven Eindrucks.

Um sich ein objektiveres Bild vom Baby zu machen, ist es deshalb sehr hilfreich, sein Verhalten in einen Protokoll-Bogen einzutragen. Es genügt, das Tagebuch im Abstand von zwei bis vier Stunden auszufüllen. Bereits nach dem ersten 24-Stunden-Tagebuch ergeben sich wichtige Hinweise.

„Habe ich tatsächlich ein Schreibaby?"

Notiert man für den protokollierten Tag mehr als drei Stunden Quengeln und Unruhe und kommt damit zu dem Schluss, ein Schreibaby zu haben, ist diese Einstufung in acht von zehn Fällen auch richtig und wird sich durch weitere Tagebuch-Einträge bestätigen. Die restlichen 20% Schreibabys kommen erst nach längerem Protokollieren zum Vorschein. Nicht jeder Tag ist ein Schreitag. Man sollte mindestens sechs Tage aufschreiben, um das Verhalten zuverlässig einschätzen zu können. Dann werden auch die fälschlicherweise als Schreibaby klassifizierten Säuglinge (ca. 13%) richtig zugeordnet – als normal schreiende Babys, die zufällig einen „Ausrutscher-Tag" hatten.

Vielleicht fragen Sie sich, ob es denn eigentlich so wichtig ist, genau zu wissen, ob Ihr Baby tatsächlich ein Schreibaby ist? Ja – denn es macht einen Unterschied, ob Ihr Kind objektiv gesehen zu viel schreit oder „nur" auf Grund Ihres subjektiven Eindrucks. Schreit es tatsächlich weniger, als Sie geglaubt haben, ist es beruhigend zu wissen, dass es wohl gar kein Schreibaby ist. In diesem Fall geht es eher darum, die Eltern zu beruhigen als das Kind. Ist das Kind ein „objektives" Schreibaby, sind die Hilfen für die Eltern zwar auch wichtig, aber dann geht es in erster Linie um das Kind und seine Bedürfnisse.

➤ *Kommt das Schreien zu einer typischen Zeit, hat das etwas Beruhigendes.*

Ein weiterer wichtiger Hinweis ergibt sich aus der tageszeitlichen Verteilung der Unruhe: Gehört Ihr Baby zu den Abendschreiern? Oder schreit es bevorzugt morgens, mittags oder nachts? Um das festzustellen, brauchen Sie mehrere Protokoll-Tage.

Nachtschreien ist eher untypisch für Schreibabys. Geeignete Behandlungs-Ansätze finden sich meist im Bereich der Schlaf-Regulation. Wer weiß, wann typischerweise die Hauptschrei-Attacken am Tag stattfinden, kann besser vorbeugen. Sie können zum Beispiel versuchen, möglichst zu diesen Zeiten nicht mit Ihrem Kind allein zu sein. Oder Sie schaffen gezielt ein beruhigendes Umfeld, etwa durch einen Spaziergang im Park. Mit der Zeit werden Sie schon herausfinden, worauf Ihr Kind am besten reagiert.

Kommt das Schreien zu einer typischen Zeit, hat das auch etwas Beruhigendes. Die Mutter wird zum einen nicht so unvermittelt davon getroffen, wie wenn das Quengeln über den ganzen Tag verteilt ist. Und zum anderen schließt diese Regelmäßigkeit eine Krankheit des Babys aus – denn eine Krankheit plagt das Baby nicht immer um dieselbe Tageszeit.

Wenn Sie nicht nur die Unruhe-Episoden Ihres Babys protokollieren, sondern weitere Aspekte seines Verhaltens – zum Beispiel Schlafen, Nahrungs-Aufnahme, aufmerksame und normale Wachphasen und soziale Interaktion – können Sie zu weiterführenden Schlüssen gelangen:

- Wenn Ihr Baby tagsüber zu wenig schläft, könnte das die Überreiztheit am Abend erklären.
- Wenn Ihr Baby tagsüber zu viel schläft, insbesondere am späten Nachmittag oder Abend, könnte das Einschlafprobleme und nächtliches Schreien mitbewirken.
- Wenn Ihr Kind in zu großen Abständen trinkt, vermehrt das die Unruhe.
- Wenn Ihr Baby zu wenig Gelegenheit zur sozialen Interaktion hat, könnte es dieses Bedürfnis durch Unruhe äußern.

Sie können selbst besonders ruhige Tage mit besonders unruhigen Tagen vergleichen. Dann wird sichtbar, wo die Unterschiede liegen. Dazu müssen Sie die Stunden für die jeweiligen Verhaltensweisen aufsummieren und Schrei- und ruhigere Tage einander gegenüberstellen: Welches Verhalten wird am meisten durch das Schreien reduziert? In unseren Untersuchungen war es nicht nur der Schlaf, der sich verringerte, sondern vor allem auch die Phasen aufmerksamen Wachseins und der spielerischen Interaktion mit den Eltern. An Schreitagen interagierten die Babys nur die Hälfte ihrer sonst üblichen Zeit mit ihren Bezugspersonen.

Vielleicht wird Ihnen anhand Ihres Tagesbuchs noch deutlicher, dass Ihr Baby nicht nur schreien, sondern auch stundenlang ruhig sein kann, aufmerksame

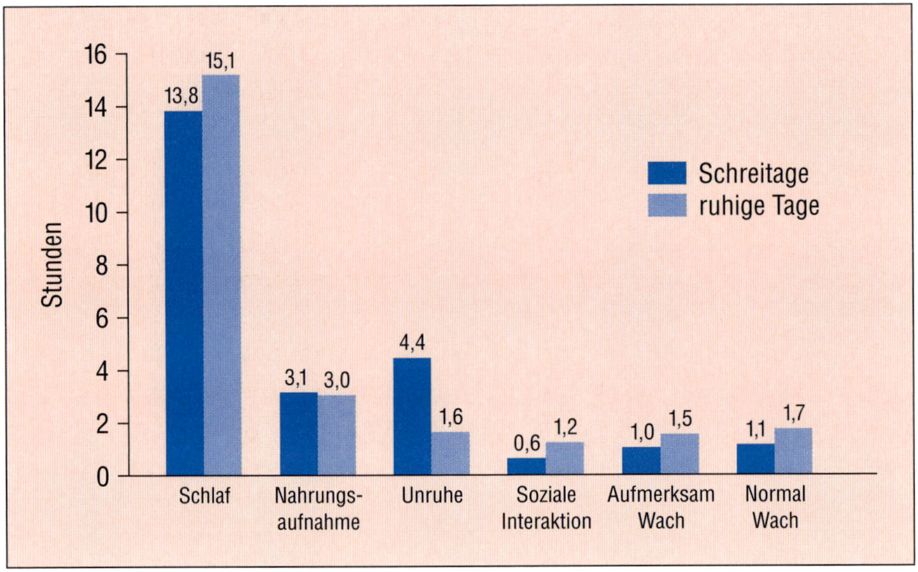

Abbildung 11: Säuglinge verändern ihr Verhalten an Tagen, an denen sie viel schreien. An solchen „Schreitagen" schlafen sie nicht nur über eine Stunde weniger, sondern sie sind auch seltener in einem Zustand aufmerksamer Wachheit und interagieren nur die Hälfte der üblichen Zeit mit ihren Eltern. (Quelle: Daten aus der Freiburger Säuglingsstudie. In: Bensel, 2003)

Wachphasen hat und zu manchen Tageszeiten zu einem kürzeren oder längeren „Gespräch" mit Ihnen bereit ist.

Wenn Sie Gefallen darin finden, das Verhalten Ihres Kindes zu beobachten und das Tagebuch über mehrere Wochen führen – zwei- bis dreimal in der Woche genügt – werden Sie Veränderungen im Verhaltens-Spektrum Ihres Kindes bemerken, die weit beeindruckender sind als Gewichts- oder Größen-Zunahmen. Wenn das Schreien abnimmt und dafür aufmerksame Wach- und Interaktions-Phasen zunehmen, haben sie schwarz auf weiß, dass Ihr Baby an sozialer Kompetenz gewinnt und Schreien als Ausdrucks-Mittel weniger wichtig wird.

Das ist häufig der schönste Zeitpunkt beim Tagebuch-Führen, wenn man die Tage zu Papier bringt, an denen man schon rein optisch erkennen kann, dass die Schreimenge abnimmt.

Name des Kindes: Liam

Geburtsdatum: 10.3.02

Protokollbogen-Nr.: 1

Datum: **18.5./19.5.02**

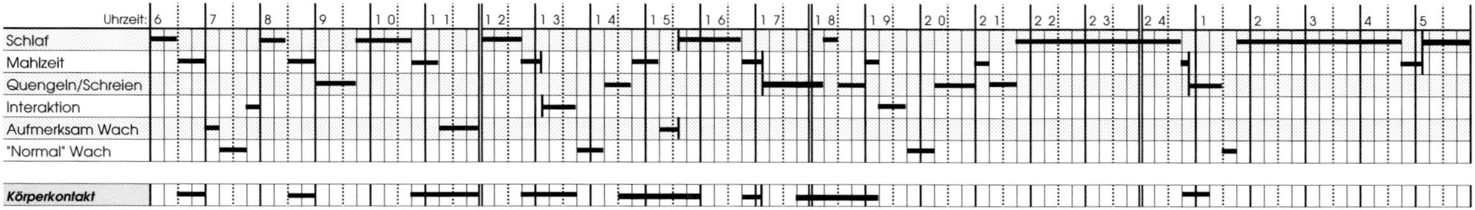

Vorkommnisse/ Anmerkungen:	↑ ließ sich durch Autofahrt beruhigen	↑ schlief auf meinem Arm ein	↑ wachte nachts auf und ließ sich auch durch Stillen nicht beruhigen

Kategorie	*Was gehört dazu?*	*Was gehört nicht dazu?*
SCHLAF	Mindestens 5 Minuten Schlafen des Kindes.	Kein Nickerchen oder Dösen!
MAHLZEIT	Stillen (Nahrungssaugen) oder Flaschenmahlzeit.	Kein kurzes Beruhigungssaugen oder Nuckeln!
QUENGELN/SCHREIEN	Quengeln, Zappeln, Schreien über mindestens 5 Minuten, wobei die üblichen Beruhigungsmaßnahmen wie Ansprechen, Streicheln, Aufnehmen, Anlegen zum Beruhigungsnuckeln, Wiegen und Tragen in dieser Zeitspanne wirkungslos bleiben.	Keine kurze Unruhe und kurzes Aufschreien, die sofort beruhigt werden können!
INTERAKTION	Alle Interaktionsphasen, in denen über mindestens 5 Minuten eindeutige Signale der Kontaktbereitschaft auf Seiten des Kindes festzustellen sind: • Hinwendung zur Bezugsperson, • Suchen und Aufrechterhalten von Blickkontakt, • Lächeln, • Lautäußerungen oder • Aufmerksamkeit anzeigende Bewegungen	Keine einseitige Kontaktaufnahme von Seiten der Bezugsperson! Kein kurzes, in sich abgeschlossenes Reagieren auf eine engumrissene Handlung der Bezugsperson! Wickeln und Baden sind nicht automatisch Interaktion. Die Aktivität des Kindes ist entscheidend!
AUFMERKSAM WACH	Phasen, in denen der Säugling über mindestens 5 Minuten einen offenen, wachen, aufmerksamen Blick zeigt, evtl. die Umgebung betrachtet oder mit einem Gegenstand oder mit sich selbst spielt.	Hierzu gehört nicht das Interesse an einer Bezugsperson, keine soziale Interaktion!
„NORMAL" WACH	Phasen, in denen der Säugling nicht aktiv an seiner Umwelt teil hat, vor sich hinschaut, die Augen nichts fixieren, und er nicht aufmerksam ist.	Kein aufmerksames Betrachten der belebten oder unbelebten Umwelt!
KÖRPERKONTAKT, parallel zu anderen Kategorien eintragen!	Zeit, bei der das Kind auf jemandes Arm, Schoß etc. verbringt, getragen wird oder mit körperlicher Berührung zu jemandem schläft.	Kein Transport im Kinderwagen oder Auto!

Zum Ausfüllen der Protokollbögen:

- Tragen Sie bitte in die Kopfzeile jedes Bogens: Name des Kindes, sein Geburtsdatum und die fortlaufende Nr. des Bogens ein. Und für jede Verhaltenstabelle das Datum der beiden Beobachtungstage.
- Die Zeitskala der Tabellen ist als Eintragehilfe in Viertelstunden-Einheiten unterteilt. Machen Sie keine feineren Unterteilungen als ein halbes Kästchen=eine halbe Viertelstunde.
- Vermeiden Sie Überschneidungen. Entscheiden Sie sich gegebenenfalls bei 2 gleichzeitigen Verhaltensweisen für die vorherrschende. Lassen Sie keine Lücken.
- Nur der Körperkontakt soll parallel zu den anderen Kategorien eingetragen werden.

Abbildung 12: Ausgefülltes Musterprotokoll

Bei der aufwändigsten, aber auch informativsten Form des Tagebuchs tragen Sie neben dem Verhalten Ihres Kindes auch Aspekte Ihres eigenen Verhaltens ein. Wie häufig hatten Sie Körperkontakt mit Ihrem Baby? Welche Beruhigungs-Maßnahmen haben Sie wann probiert? Der zusätzliche Aufwand wird belohnt, wenn sich aus dem Schrei-Tagebuch ersehen lässt, welche Beruhigungs-Maßnahmen Erfolg bzw. keinen Erfolg haben. Beim ausgefüllten Musterprotokoll (Abbildung 12) finden Sie eine Anleitung zum Ausfüllen.
Interessant ist auch die Beantwortung folgender Frage, die sich aus dem Schrei-Tagebuch leicht ersehen lässt: Schreit Ihr Baby genauso viel, wenn es auf Ihrem Arm ist? Vergleichen Sie die Zeiten mit und ohne Körperkontakt. Schreit Ihr Baby deutlich weniger, wenn es an Ihrem Körper ist, scheint Körperkontakt ein effektives Beruhigungs-Mittel zu sein. Die körperlichen Bedürfnisse der Kinder sind unterschiedlich. Es kann in seltenen Fällen auch vorkommen, dass Ihr Baby auf Ihrem Arm mehr schreit, als wenn es allein liegt. Dann sollten Sie versuchen, es auf andere Weise zu beruhigen. Vielleicht wird das Schreien zumindest abgeschwächt, bis es nur noch ein Quengeln ist – auch dann hilft der Körperkontakt dem Baby.
Ein Verhaltens-Tagebuch hilft, Ihr Kind besser kennen zu lernen und Veränderungen in seinem Verhalten über die Zeit sichtbar zu machen. Es hilft auch zu kontrollieren, wie erfolgreich Ihre Veränderungs-Maßnahmen sind. Schließlich hilft es auch dem Kinderarzt oder Schrei-Experten bei der Diagnose und der Therapie-Empfehlung.

Alles nur Blähungen?

Wenn ein Baby schreit, heißt es oft, es leide unter Blähungen aufgrund einer Verdauungsstörung. Oft wird in diesem Zusammenhang der Begriff der (Drei-Monats-) Kolik genannt. Der Begriff Kolik stammt von dem griechischen „kolikos“ (den Dickdarm betreffend). Das macht deutlich, dass man zu Beginn der Schreiforschung davon ausging, dass dem Schreien ein Problem des Verdauungs-Apparats zugrunde liegt. Eine aus Sicht der Kinderärzte naheliegende Vermutung, die sie aus vielen Begleit-Symptomen des Schreiens ableiteten. Genau die gleichen Anhaltspunkte nannten auch die von uns befragten Eltern, wenn sie Verdauungs-Probleme bei ihrem schreienden Baby vermuteten:

- Die häufigste Nennung waren direkte Hinweise, wie abgehende Winde, verhärtete Bauchdecke und Darmgeräusche.
- Fast gleich häufig wurde die auffällige Motorik zum Unruhezeitpunkt genannt (etwa Anziehen der Beine, Krampfen, Überstrecken, steif machen, Ballen der Fäustchen).
- Danach wurde eine besondere Art des Schreiens, die nach Elternmeinung vom „normalen“ Schreien abwich, genannt: Plötzlich, krampfartig, schmerzhaft, jämmerlich, unberuhigbar, ununterbrochen und intensiv war das Schreien, das die Mütter beschrieben.

Die Diagnose „Verdauungs-Probleme“ erscheint aus dieser Sicht plausibel und nachvollziehbar – sie ist jedoch nachweislich in 95% der Fälle falsch. Nur bei höchstens 5% der Babys finden sich als Ursache für Schreiattacken organische Gründe.

Schauen wir uns mal die Symptome an: abgehende Gase, harter Bauch, krampfartiges Anziehen der Beine. Ursache und Wirkung sind hier nicht ohne Weiteres zu trennen. Durch das Schreien kann Luft geschluckt worden sein, was zu Blähungen führt. Dann sind nicht die Blähungen am Schreien schuld, sondern das Schreien an den Blähungen. Die Blähungen werden maßlos überbewertet. Es gibt keinen Beweis dafür, dass vermehrte Gasbildung überhaupt zu Unwohlsein und Schreien führt. Versuche, die den Gasgehalt im Bauch verringerten, führten keineswegs dazu, dass ein schreiender Säugling weniger unruhig war. Auch gibt es keinen radiologischen Nachweis, dass ein Schreibaby überhaupt mehr Gas in seinem Magen bildet.

➤ *Nur bei höchstens 5% der Babys finden sich als Ursache für Schreiattacken organische Gründe.*

Falls es sich beim exzessiven Schreien tatsächlich um eine Verdauungs-Störung handelte, wäre zu erwarten, dass die schlimmsten „Koliken" in der Verdauungs-Phase nach ausgiebigen Mahlzeiten auftreten. Schreibabys schreien schon nach normalen Mahlzeiten nicht häufiger als ruhigere Babys. Und auch die extragroße Abendflasche oder vermehrtes Stillen vor dem Nachtschlaf führen keineswegs zu häufigen Schreiattacken in der nächtlichen Verdauungs-Periode. Die Nacht ist die schreiärmste Zeit – und das, obwohl anfangs durchaus vier bis fünf Mahlzeiten in der Nacht üblich sind. Auch die Bauchschmerz-Hypothese liefert keine Erklärung für den Schreigipfel und das Abendschreien. So verwundert es schließlich nicht, dass medizinische Untersuchungen bei Schreibabys keine Anzeichen von Verdauungs-Problemen finden konnten.

Als heißester Kandidat für eine organische Ursache der Babykolik galt jahrelang die Kuhmilch-Allergie. Und tatsächlich gibt es Säuglinge, die gegen das Eiweiß in der Kuhmilch allergisch sind. Bei manchen gestillten Babys reicht sogar die indirekte Aufnahme des tierischen Eiweißes über die Muttermilch für eine allergische Reaktion. Inzwischen ist jedoch klar, dass diese Allergie gegen Kuhmilcheiweiß nur bei sehr wenigen Schreibabys eine Rolle spielt. Bevor eine aufwändige Umstellung der Milchprodukte auf Sojamilch oder ähnliches stattfindet, sollte unbedingt beim Kinderarzt eindeutig geklärt werden, ob tatsächlich eine dieser seltenen Allergien vorliegt. In den meisten Fällen äußert sich eine Nahrungsmittel-Allergie durch trockene, gerötete und juckende Hautstellen – und nicht durch Schreien.

Was hat es mit den anderen Anzeichen auf sich, die Eltern beobachten, wenn sie Blähungen bei ihrem Baby feststellen – mit der auffälligen Motorik und der besonderen Art des Schreiens? Tatsächlich zeigt das motorische, krampfartige Verhalten den hohen Erregungs-Zustand des Säuglings an. Es gibt aber keine Auskunft über die Ursache der Erregung. Auch die schmerzhaft klingenden Schreie gibt ein Baby keineswegs nur dann von sich, wenn es tatsächlich Schmerzen hat. Das Schreien eines Babys, das vollkommen verzweifelt ist, kann nicht von dem eines Babys unterschieden werden, das starke Schmerzen hat. Die hochtönenden, durch Mark und Bein gehenden Schreie legen schnell den Verdacht nahe, dass dem Kind etwas fehlen muss. Und zwar etwas Organisches, sonst würde es doch nicht *so* schreien. Darum wird diese Art von Schreien auch häufig „Kolikschreien" genannt.

Die sicherlich sinnvolle Abklärung beim Kinderarzt bringt jedoch in den seltensten Fällen einen Krankheitsbefund. Ohne die Bedeutung dieser extremen Schreie herunterspielen zu wollen – keiner, der sie einmal bei einem Kind gehört hat, wird diese Töne je wieder vergessen – haben doch genaue Tonband-Aufzeichnungen in Familien mit Schreibabys gezeigt, dass nur ein Zehntel der gesamten Unruhe-Äußerungen aus „Kolikschreien" besteht. Der große Rest ist Quengeln, Nörgeln und normal lautes Schreien. Noch beeindruckender ist, dass überhaupt nur ein Drittel der Schreibabys diese extreme Schrei-Variante zeigt. Das alles macht deutlich, dass Schreibabys keine besondere „Krankheit" haben, sondern dasselbe (Schrei-) Verhalten wie die anderen Babys – allerdings in vermehrter Form.

In den Achtzigerjahren des 20. Jahrhunderts tauchte ein neuer organischer Ursachen-Kandidat für die chronische Unruhe auf, der sogenannte gastro-ösophageale Reflux, kurz GÖR genannt. Mit neuen diagnostischen Methoden hatten Mediziner festgestellt, dass ein langanhaltender Reflux – das Zurückfließen von Magenflüssigkeit in die Speiseröhre – zu Unruhe und Schreien führen kann. Es ist einleuchtend, dass Aufstoßen von Magensäure, Sodbrennen und Schmerzen beim Schlucken für ein Baby Grund genug zum Schreien sind. Werden diese Unmutsäußerungen von den Eltern nicht als Schmerz-, sondern als Hungerschreie fehlinterpretiert und das Baby erneut gefüttert, kann die Symptomatik noch zu-

➤ Schreibabys haben keine besondere „Krankheit", sondern schreien auf die gleiche Art wie die anderen Babys – nur länger.

sätzlich verstärkt werden. GÖR-Kinder lehnen nach einiger Zeit ihr Fläschchen oder die Brust ab – denn sie verbinden Trinken mit Schmerz. Hatte man damit den Grund für exzessives Schreien gefunden? Ähnlich wie bei den Nahrungsmittel-Allergien tauchten bald Widersprüche gegen diese Annahme auf:

- Es gibt ruhige, zufriedene Babys, die zwar GÖR haben, aber nicht schreien.
- Trotz GÖR kann es sein, dass das Schreien über Wochen hinweg nur auf eine bestimmte Mahlzeit am Tag folgt.
- Trotz erfolgreicher Behandlung des für GÖR typischen Sodbrennens kann das exzessive Schreien weitergehen.

GÖR-Babys und Schreibabys sind nur in seltenen Fällen identisch. Angesichts dieser Befunde war es kein Wunder, dass die Wissenschaft schließlich zu dem Schluss gelangte, dass ein großer Teil der Schreibabys keine Reflux-Probleme haben kann.
Offenbar hat es keinen Sinn, nach der einen, allein verantwortlichen Ursache zu suchen, die das exzessive Schreien auslösen könnte.

Haben Schreibabys ein anderes Temperament?

Falls Sie an Ihre Geschwister, Eltern oder Freunde denken, werden Ihnen auf Anhieb typische Temperaments-Merkmale einfallen: *„Meine lebhafte Mutter, mein schüchterner Bruder, meine empfindliche Tante“*. Bei Ihrem Baby werden Sie wahrscheinlich länger nachdenken müssen, um Typisches hervorheben zu können – vielleicht, wie aufmerksam es Dinge verfolgt, die um es herum passieren, wie oft es lächelt, wenn man es anschaut, oder aber auch, wie schnell es sich irritieren lässt, wenn etwas Unerwartetes passiert. Typische Reaktionen auf Umweltreize, die Stärke der Erregung und die Schnelligkeit der Beruhigung sind aber bereits frühe Anzeichen des Temperaments, mit dem ein Baby auf die Welt kommt. Sozusagen seine charakterliche Erstausstattung. Könnte sich ein bestimmtes Temperament schon ganz früh beim Säuglings-Schreien auswirken, es verstärken oder auch eher verhindern?
Dafür müssen wir uns den Temperaments-Begriff etwas genauer anschauen. Es geht um das „Wie“ einer Verhaltensweise – den Verhaltens-Stil, der neun verschiedene Aspekte besitzt.

Aus diesen neun verschiedenen Aspekten des Temperaments lassen sich drei übergreifende Temperaments-Einstufungen bilden:

- Das **schwierige Temperament:** Etwa 10% aller Kinder neigen zu unregelmäßigen biologischen Rhythmen, ziehen sich angesichts neuer Situationen und unbekannter Menschen gern zurück, können sich nur langsam an ungewohnte Wendungen und Abläufe gewöhnen, zeigen eher heftige Reaktionen und haben bevorzugt eine negative Stimmungs-Lage.
- Das **einfache Temperament:** Etwa 40% aller Kinder zeigen regelmäßige Rhythmen (entwickeln rasch Schlaf- und Essgewohnheiten) und Körperfunktionen, nähern sich neuen Situationen und Menschen gern an, sind sehr anpassungsfähig und haben eine gemäßigte, vorwiegend positive Stimmungslage.

- Das **langsam auftauende Temperament:** Etwa 15% der Kinder ziehen sich angesichts neuer Situationen und Fremder zurück und passen sich nur allmählich daran an. Anders als beim schwierigen Temperament sind die Reaktionen weniger heftig, die Rhythmen regelmäßiger und die Stimmung weniger negativ ausgeprägt.

35% der Kinder lassen sich keiner der drei Gruppen eindeutig zuordnen.

Temperaments-Dimension	Beschreibung	Beispiel
1) Aktivität	Niveau und Ausmaß körperlichen Verhaltens: Wie viel bewegt sich das Kind beim Essen, Baden, Spielen und Schlafen?	*Hohe Aktivität:* Das Baby spritzt und bewegt sich beim Baden so sehr, dass viel Wasser aus der Wanne fließt. *Niedrige Aktivität:* Das Baby bewegt sich kaum beim Wickeln.
2) Regelmäßigkeit	Berechenbarkeit von Schlaf-Wach-Rhythmus, Ausscheidung und Hunger	*Regelmäßigkeit:* Stuhlgang immer etwa zur gleichen Zeit. *Unregelmäßigkeit:* Mittagsschläfchen jeden Tag zu einer anderen Zeit.
3) Annäherung – Rückzug	Charakteristische erste Reaktion auf neue, noch unvertraute Reize und Situationen (Menschen, Spielzeug, Nahrung, Maßnahmen)	*Annäherung:* Fremde Leute werden immer angelächelt. *Rückzug:* Neues Essen wird zuerst einmal ausgespuckt oder abgelehnt.
4) Anpassungs-Vermögen	Toleranz gegenüber Veränderungen. Die Leichtigkeit, mit der das Kind sich an neue oder veränderte Situationen gewöhnt	*Hohes Anpassungs-Vermögen:* Eine neue Schlafstelle wird nach kurzer Zeit akzeptiert. *Niedriges Anpassungs-Vermögen:* Das Aufsetzen des neuen Sonnenhutes wird wiederholt mit Protest begleitet.

5) Sensorische Reizschwelle	Empfindlichkeit gegenüber Sinnesreizen (Geruch, Geräusch, Geschmack, Berührung, Schmerz, Temperatur), unabhängig davon, wie heftig die Reaktion ausfällt	*Niedrige Reizschwelle:* Selbst auf das leise Betreten des Raumes wird sofort mit einem Hinschauen reagiert. *Hohe Reizschwelle:* Selbst eine Beule am Kopf führt zu keiner Reaktion.
6) Stimmungslage	Häufigkeit von Lachen und Freude im Verhältnis zu Weinen, Schreien, Unzufriedenheit	*Positive Stimmungslage:* Das Anbieten eines Gegenstandes wird sofort mit einem Lächeln beantwortet. *Negative Stimmungslage:* Jede kleine Irritation führt zum Weinen.
7) Intensität	Heftigkeit, mit der eine Reaktion erfolgt	*Niedrige Intensität:* Bei Schreck erfolgt nur ein leichtes Quengeln. *Hohe Intensität:* Eine Impfung führt zu einer heftigen Schreiattacke.
8) Ablenkbarkeit	Leichtigkeit, mit der das Kind von seinem ursprünglichen Verhaltensziel abgebracht werden kann	*Niedrige Ablenkbarkeit:* Bei Hunger kann ein Spiel die Zeit bis zum Erwärmen der Flasche nicht überbrücken, ohne dass das Kind weiterschreit. *Hohe Ablenkbarkeit:* Wenn beim Füttern jemand vorbeiläuft, wird das Saugen unterbrochen, bis die Person verschwunden ist.
9) Ausdauer	Länge des Ausharrens bei einer Tätigkeit trotz vorhandener Hindernisse und Schwierigkeiten	*Niedrige Ausdauer:* Klappt das Drehen eines Spielrades nicht sofort, wird das Spiel abgebrochen. *Hohe Ausdauer:* Obwohl er ihm ständig aus der Hand rutscht, versucht das Baby den Gegenstand erneut zu ergreifen.

Tabelle 2: Die neun Dimensionen des Temperaments

Wenn Sie die Tabelle und die drei Temperaments-Beschreibungen angeschaut haben, haben Sie vielleicht schon Ihr eigenes Baby in eine der drei Gruppen eingeordnet. Falls Ihr Kind ein Schreibaby ist, werden Sie es vermutlich aus dem Bauch heraus zu der Gruppe mit dem schwierigen Temperament zugeordnet haben. Schließlich neigen Schreibabys zur negativen Stimmungs-Lage (Punkt 6) und zeigen intensive Reaktionen (Punkt 7). Mit einer solchen Beurteilung befinden Sie sich in bester Gesellschaft. Viele Mütter schätzen ihre unruhigen Säuglinge so ein – hinzu kommen manchmal Attribute wie geringe Ausdauer, erhöhte Ablenkbarkeit, niedrige sensorische Reizschwelle. Damit scheint der Fall klar: Schreibabys sind Säuglinge mit angeborenem schwierigem Temperament.

➤ ***Wenn es sich beim Schreien um eine Auswirkung des kindlichen Temperaments handeln würde, wäre es nicht zeitlich so begrenzt.***

Doch die Lösung des Schreiproblems ist nicht so einfach. In einer Untersuchung wurde folgendes festgestellt: Wissenschaftliche Beobachter, die dieselben Babys nach festgelegten Kriterien einschätzten, fanden keinen Unterschied zwischen Schreibabys und anderen beobachteten Babys. Und: Gab man den Eltern dieser Babys, die ihr Kind als schwierig eingeschätzt hatten, objektive Beobachtungs-Kriterien an die Hand, um ihr Kind einzustufen, kamen sie zu dem selben Schluss: Schreibabys sind nicht automatisch Babys mit schwierigem Temperament. Zumindest findet man unter ihnen nicht öfter ein schwieriges Temperament als unter den normal schreienden Säuglingen in diesem Alter.

Offensichtlich lässt das auffällige Schreiverhalten auf Anhieb keine objektive Beurteilung des eigenen Kindes zu: *„Mein Baby muss ein schwieriges Temperament haben, wenn es soviel schreit."* Dieses Stigma des „schwierigen Kindes" kann sich auch über die eigentliche Phase des vermehrten Schreiens hinaus halten. Manche Eltern hatten dieses negative Bild auch noch gegen Ende des ersten Lebensjahres, als das Schreiproblem längst vorbei war. Dieses negative Bild vom eigenen Kind gilt es ganz bewusst abzuschütteln, damit es nicht unnötig die ganze Familie belastet.

Gegen die Erklärung des schwierigen Temperaments als Ursache für das exzessive Schreien spricht auch die Tatsache, dass das exzessive Schreien in den allermeisten Fällen im viertem Lebensmonat wieder aufhört. Das Temperament ist dagegen eine Persönlichkeits-Komponente, die einen Menschen zeitlebens ausmacht und nicht plötzlich nach ein paar Monaten verschwindet. Handelte es sich beim Schreien um eine Auswirkung des kindlichen Temperaments, wäre es zeitlich nicht so begrenzt.
Sind Schreibabys – bis auf das viele Schreien – also ganz genauso wie die anderen Babys? Nach neuesten amerikanischen Untersuchungen offenbar nicht. Ihre Antwort-Bereitschaft ist offenbar vorübergehend verändert – und zwar im Hinblick auf ihre **Reaktivität** und ihre **Regulations-Fähigkeit**. Was bedeutet das?

Die veränderte Reaktivität der Schreibabys

- Sie sind empfindlicher. Ein schwacher Reiz reicht bereits aus, um ein Quengeln oder Schreien zu hervorzurufen.
- Ihre Reaktionen sind intensiver. Statt eines leichten Quengelns kommt es häufig zu einem richtigen Schreien bis hin zu einem sehr intensiven, schmerzhaft klingenden Gebrüll.
- Schreibabys neigen zu einer sehr schnellen Reaktion: Zwischen Außenreiz und Schreibeginn vergeht nur sehr wenig Zeit.

Die für Sie als Eltern wichtige Botschaft: Auch wenn Sie sich die allergrößte Mühe geben, werden Sie nicht alles Beunruhigende vermeiden, nicht alle schreiauslösenden Reize der Umgebung ausblenden können, um die Schreiattacke zu verhindern. Eben, weil Ihr Schreibaby so empfindlich ist. Besonders auf „Begrenzungen“, etwa beim An- und Ausgezogen-Werden, wenn die Händchen durch die Ärmel und der Kopf durch den Ausschnitt müssen.
Weil es sich aber nicht um ein schwieriges Temperament handelt, sondern „nur“ um eine vorübergehende – wenige Monate andauernde – veränderte Antwort-Bereitschaft, ist ein Ende der Krisenzeit abzusehen.

Auf den zweiten Bereich veränderter Antwort-Bereitschaft bei Schreibabys, den der Regulations-Fähigkeit, haben Sie als Eltern mehr Einfluss.

Die veränderte Regulations-Fähigkeit der Schreibabys
Die Regulations-Fähigkeit eines Babys erkennt man daran, wie lange es braucht, um sich nach einem Schreistart zu beruhigen und wieder in seinen normalen Ausgangs-Zustand zurückzukehren. Schreibabys brauchen dafür erheblich länger. Ihre Selbstregulations-Fähigkeit ist vorübergehend verringert. Anders als bei der erhöhten Reaktivität besteht jedoch hier für die Eltern die Möglichkeit, aktiv einzugreifen, um dem Kind wieder aus dem Schreizustand herauszuhelfen. Die Schrei*starts* lassen sich kaum verhindern, aber auf die *Dauer* einer Schrei-Attacke haben Sie durchaus einen Einfluss. Beobachten Sie, welche Art von Zuwendung oder Beschäftigung beruhigend auf Ihr Kind wirkt. So finden Sie nach und nach heraus, wie Sie Ihr Kind am besten beruhigen können.

➤ *Sie können nicht alles Beunruhigende vermeiden und alle schreiauslösenden Reize ausblenden.*

Zum Schluss noch eine gute Nachricht für alle Eltern, die es in diesen ersten Monaten so schwer mit ihrem Baby haben. Die Hinweise häufen sich, dass nach einer Zeit der erhöhten Reaktivität und verringerten Selbstregulations-Fähigkeit eine Zeit der verringerten Reaktivität und verbesserten Selbstregulations-Fähigkeit folgt. So waren beispielsweise Neugeborene, die sich schwerer beruhigen ließen, mit neun Monaten anpassungsfähiger, zufriedener und aufgeschlossener gegenüber neuen Situationen als Babys, die sich als Neugeborene leichter beruhigen ließen. Die Hintergründe für diese Kehrtwende im Entwicklungs-Verlauf sind noch unbekannt. Aber, unwissenschaftlich betrachtet, scheint es für die geplagten Eltern so etwas wie eine ausgleichende Gerechtigkeit für die anfängliche Mehrbelastung zu geben.

Welche Folgen hat das exzessive Schreien?

Anhaltendes Schreien bedeutet Stress für Ihr Baby und für Sie. Grund genug, etwas dagegen zu unternehmen. Von mancher Seite – auch von einigen Kinderärzten – hört man den tröstlichen Ratschlag: *„Nehmen Sie es nicht so schwer. Das Schreien ist harmlos und vorübergehend. Nach dem dritten Monat geht das vorbei, und Sie haben bald alles vergessen."* Ist das wirklich so einfach? Sollte man also versuchen, die ersten Monate irgendwie hinter sich zu bringen und dann so schnell wie möglich alles vergessen? Geht das überhaupt?

Die gute Nachricht lautet: Das exzessive Schreien ist tatsächlich in den allermeisten Fällen aus medizinischer Sicht harmlos. Es ist keine Krankheit, es macht nicht krank und ist nur selten ein Symptom für eine zugrunde liegende Krankheit.

Die weniger gute Nachricht lautet: Auf die leichte Schulter nehmen kann man das exzessive Schreien deswegen trotzdem nicht – es ist zu belastend für die ganze Familie. Es wirkt stark verunsichernd und führt zum Beispiel dazu, dass viele Mütter mit Schreibabys ihr Kind früher abstillen, als sie das ursprünglich geplant hatten – etwa, weil sie glauben, ihr Baby nicht richtig satt zu bekommen. Das ist eine verständliche Reaktion, aber das exzessive Schreien beruht nicht auf Hungergefühl. Und man sollte das für die Babyzeit sehr wertvolle Stillen nicht aus diesem irrtümlichen Grund aufgeben.

➤ *Aus medizinischer Sicht ist exzessives Schreien meist harmlos.*

Exzessives Schreien macht viele Eltern verzweifelt und wütend. In Panikstunden kann sich sogar der Gedanke einschleichen, das Baby zu schlagen oder zu schütteln – nur, damit es endlich aufhört. Zum Glück setzen die allerwenigsten diese gefährlichen Gedanken in die Tat um. Aber es zeigt, wie bedrohlich exzessives Schreien für die ganze Familie sein kann, auch wenn es tatsächlich „nur" drei Monate anhält. *„Abwarten und Tee trinken"* ist da ein riskanter Rat.

Die wiederholte Erfahrung, ihr Baby nicht beruhigen zu können, führt bei einigen Eltern zu Ängsten, Erschöpfungs-Zuständen, dem Gefühl, den Aufgaben als Eltern nicht gewachsen zu sein – und manchmal sogar zu Depressionen. Dem Kind selbst entgeht durch das viele Schreien wertvolle Zeit im ruhigen aufmerksamen Wachzustand, in dem es besonders interessiert an seiner Umwelt ist. Es ist in diesem inneren Zustand am besten dazu in der Lage, Umweltreize wahrzunehmen und Zusammenhänge zu lernen. Das ist auch die optimale Zeit für spielerische Dialoge mit den Erwachsenen. Diese Phasen werden nun „verschrieen". Das Baby macht zudem häufig die Erfahrung, dass seine Signale nicht richtig verstanden werden und es nicht beruhigt werden kann. Die ersten wichtigen Gefühle, etwas bewirken zu können, d.h. selbst-wirksam zu sein, stellen sich dann viel zu selten ein.

Wie sieht die Zukunft eines Schreibabys aus? Hat das exzessive Schreien längerfristige Folgen?

Ist das exzessive Schreien nach drei bis vier Monaten vorüber, verschwindet auch der Familienstress. Jetzt wird die Schwierigkeit, mit dem Kind regelmäßig in ein Zwiegespräch zu kommen, überwunden. Und Entwicklungs-Rückstände – falls sie überhaupt vorhanden waren – werden wieder aufgeholt. Nun bestätigt sich endgültig, dass es sich bei der „Drei-Monats-Kolik" um keine Erkrankung des Magen-Darm-Trakts, eine Nahrungsmittel-Allergie oder sonst irgendeinen körperlichen Befund gehandelt hat. Warum sollte eine Erkrankung Rücksicht auf den Kalender, auf das Lebensalter des Kindes nehmen und so plötzlich enden – bei fast allen Kindern zum gleichen Zeitpunkt?
Was bei den Eltern auf keinen Fall zurückbleiben sollte, ist eine Unsicherheit im Hinblick auf ihre elterlichen Fähigkeiten – ein weiterer Grund, möglichst schnell positive Erfahrungen mit seinem Kind zu machen und es nicht als schwierig, anfällig und auffällig wahrzunehmen. Man darf ihm eben nicht das

Etikett „Schwieriges Kind" aufkleben. Das haftet zu lange und nachhaltig. Selbst wenn es von außen – d.h. von Beobachtern, die nicht unter dem Schreien des Kindes gelitten haben – nicht bestätigt wird. Das falsche Bild vom Problem-Baby bedarf möglichst schnell einer Korrektur – besonders, weil es die Familie belastet.

➤ Kleben Sie Ihrem Baby nicht das Etikett „Schwieriges Kind" auf.

Objektiv gesehen sind die Folgen einer vorübergehenden Schrei-Problematik, die auf die ersten drei bis vier Monate begrenzt ist, für das Baby selbst gering. Bei einigen Müttern und Vätern hat jedoch das Selbstbewusstsein unter dem Schreien gelitten – und sie können ihr Baby nicht mehr unvoreingenommen betrachten. Dann sollten sie Hilfe von außen wahrnehmen, um ihr Selbstvertrauen als Mutter oder Vater wiederzufinden.

Gehört Ihr Baby zu den wenigen, die nach dem dritten bis vierten Monat noch auffällig viel schreien und die meist zudem noch Schlaf-Probleme und/oder Fütterungs-Probleme haben, dann sollten Sie zur Entlastung aller Beteiligten einen Spezialisten für anhaltende Regulations-Störungen aufzusuchen. Hier handelt es sich nämlich nicht mehr um das isolierte Problem *„Das Baby schreit zuviel"*, sondern es gibt generelle Schwierigkeiten, das Verhalten zu regulieren – zum Beispiel: *„Das Baby schreit viel, schläft schlecht und lehnt häufig sein Essen ab oder erbricht es"*.

Auch der Beziehungs-Aufbau zwischen Eltern und Kind, die Sicherheit der Bindung, die Fähigkeit der Eltern, ihrem Kind einfühlsam zu antworten, sind beeinträchtigt. Die Unterschiede zwischen dem exzessiven Schreien in den ersten drei bis vier Monaten und den Schreiproblemen nach dieser Zeit sind so groß, dass hier nicht mehr vom exzessiven Schreien, sondern vom persistierenden Schreien gesprochen wird.

Spätestens nach dem sechsten Monat sind die Ursachen und das Erscheinungs-Bild des persistierenden Schreiens deutlich abgrenzbar vom exzessiven Schreien im ersten Vierteljahr. Denn das Problematische am Schreien der älteren Säuglinge ist meist nicht mehr die *Dauer*, sondern der *Zusammenhang*, in dem es auftritt. Schreiprobleme zeichnen sich dann vor allem durch einen schlech-

ten Zeitpunkt (nachts) und eine unpassende Situation (Essensverweigerung, Wutanfälle) aus. Sie werden nun zunehmend willkürlich vom Kind kontrolliert und oft funktional eingesetzt, um bestimmte Ziele zu erreichen.
Da hier der Start einer Problemkette bis ins Schulalter liegen kann, muss schnell und angemessen eingegriffen werden, damit es erst gar nicht zu späteren Verhaltens-Auffälligkeiten kommt. Zum Beispiel sind viele hyperaktive Schulkinder ihren Eltern und dem Kinderarzt schon als Baby wegen exzessiven Schreiens aufgefallen. Neue Studien belegen diesen Zusammenhang, allerdings nur für die wenigen persistierenden Schreibabys, die auch nach dem dritten bis vierten Monat mehr als üblich schreien und andere Auffälligkeiten zeigen. Die Mehrheit der exzessiven Schreier, deren Schreien auf das erste Vierteljahr beschränkt ist, zeigt kein erhöhtes Risiko, später hyperaktiv zu werden.

Das zu stille Baby

Bei allen Problemen und Schwierigkeiten, die im Zusammenhang mit einem Schreibaby auftreten, gibt es doch auch gewisse tröstliche Momente in den lebhaften Äußerungen Ihres Kindes. Dazu ist es hilfreich, sich das andere Extrem eines Neugeborenen vor Augen zu führen: Das lautlose Baby. Babys, die nicht in der Lage sind, sich Gehör zu verschaffen und ihre Bedürfnisse kund zu tun, sind in Gefahr, aufgrund ihrer scheinbaren Bedürfnislosigkeit an Zuwendung und Anregung zu kurz zu kommen. In kritischen Situationen – zum Beispiel in Zeiten, in denen es nicht genügend Nahrung für alle Babys gibt – sind es die Kinder, die am längsten und lautesten schreien, die noch am meisten bekommen und damit die besten Chancen haben zu überleben. (So beobachtet bei dem ostafrikanischen Volksstamm der Massai). Aber auch in unserem Kulturkreis bekommen Babys, die mittelhäufig schreien, in den ersten Lebensmonaten mehr körperliche Nähe und werden häufiger gestillt.

Lautlose Babys sind erschreckend still. Denn wenn Eltern nachts vom Geschrei ihres Babys geweckt werden, wissen sie wenigstens, dass es noch lebt und nicht plötzlich aufgehört hat zu atmen. Schreiende Babys sind lebenshungrig und vital. Um viel zu schreien, muss einiges an körperlicher Energie aufgewendet werden. Der Stoffwechsel verbraucht beim Schreien um 13% mehr Reserven. Diese zusätzliche Energie muss ein Kind erst einmal übrig haben, um es sich leisten zu können, so oft zu schreien.

➤ *Schreiende Babys sind lebenshungrig und vital.*

Babys, die nie schreien – lautlose Kinder – sind vielleicht pflegeleichter, aber unter ihnen finden sich auch solche, die gefährdet sind, autistisch oder depressiv zu werden.

Schreibabys zeigen uns ihr Problem und sind in der Lage zu signalisieren, dass sie Hilfe brauchen. Sich Hilfe holen zu können, wenn man allein nicht mehr klar kommt, ist auch für ältere Kinder, die sich verbal äußern können, keineswegs selbstverständlich und stellt eine wichtige Entwicklungs-Aufgabe dar. Schreibabys könnten ihre Bedürfnisse ruhig etwas weniger heftig äußern – aber besser so als gar nicht.

Was hilft gegen exzessives Schreien?

Im Moment gibt es vier verschiedene Behandlungs-Richtungen für Schreibabys, deren Wirksamkeit durch die wissenschaftliche Forschung unterschiedlich stark belegt ist.

Medikamente

Die wenigen Beruhigungsmittel, die überhaupt für Kinder zugelassen sind (zum Beispiel Phenobarbital-Produkte), haben oft unerwünschte Nebenwirkungen. Sie bleiben im Körper des Babys sehr lange wirksam und dämpfen den gesamten Erregungs-Haushalt des Kindes. Ein so ruhig gestelltes Kind schreit vielleicht weniger, aber es ist auch insgesamt in seinen Verhaltens-Reaktionen gebremster und weniger aufmerksam wach. Entsprechend gering ist die Interaktion des Kindes mit den Eltern. Und das geht auf Kosten der Entwicklung. Entschäumende Medikamente gegen Blähungen sind zwar harmlos, aber in der Regel auch nutzlos. Denn Schreibabys haben selten Blähungsprobleme.

Alternative Heilverfahren

Bei alternativen Heilverfahren steht der Nachweis einer Wirksamkeit, die über einen reinen Placebo-Effekt hinausgeht, noch aus. Chiropraktische Maßnahmen, insbesondere Wirbelsäulen-Manipulationen scheinen das Schreien reduzieren zu können. Diese Behandlung birgt allerdings auch Risiken.

- Dazu die Äußerung eines Chiropraktikers, der auch mit Babys Erfahrungen gesammelt hat: *„Da hatte ich also die kleinen Dinger in der Hand. Ich hatte große Angst, zu grob zu sein oder etwas zu übersehen. Diese Angst ist ge-*

blieben. Und darüber bin ich froh, weil sie verhindert, ungenau zu werden. Aber ich bin genauso dankbar, dass noch nichts Schlimmes passiert ist und dass ich auch nichts Schlimmes übersehen habe. Denn beides ist nicht selbstverständlich."

Unklar ist dabei auch, inwieweit die intensive körperliche Zuwendung durch den Chiropraktiker und der Glaube der Eltern an die Wirksamkeit der Behandlung, der sie wieder ruhiger agieren lässt, den eigentlichen Erfolg ausmachen. Eine weitere manuelle Therapie ist die sogenannte Osteopathie, die Wirbelsäulen-Probleme und Bewegungs-Störungen der Gelenke behandelt. Ihre Wirksamkeit bei exzessivem Schreien ist bislang noch unklar.

Ernährung

Die Umstellung der Ernährung vom Stillen auf eine kuhmilchfreie Diät oder – wenn das Baby die Flasche bekommt – auf hypoallergenes Milchpulver ist erfolgversprechend. Aber eben nur für die 5% der Babys, die tatsächlich unter einer Nahrungsmittel-Allergie leiden. Ein Abstillen aus Angst vor einer mangelnden Ernährung des Babys als Maßnahme gegen die Unruhe ist dagegen unbegründet und unwirksam – zudem verhindert sie die nachgewiesenen Vorteile des Stillens. Aus dieser Angst heraus sollte keine Mutter auf das Stillen verzichten und sich statt dessen durch regelmäßige Besuche und Gewichtskontrollen beim Kinderarzt rückversichern, dass ihr Baby normal gedeiht.

Betreuung

Als erfolgreichste Methode zur Behandlung von Schreibabys hat sich die Veränderung des elterlichen Betreuungs-Verhaltens erwiesen. Dabei wird den Eltern unter Anleitung von Fachkräften geholfen, die Bedürfnisse ihres Babys besser zu verstehen, ihre Signale besser zu deuten, und es werden adäquate Hilfen für mangelnde Selbstregulations-Fähigkeit angeboten.

Eltern von Schreibabys müssen überhart arbeiten, um ihr Kind ruhig zu bekommen. Sie dürfen sich im Gegensatz zu Eltern von ruhigeren Babys kaum Fehler leisten. Falsch interpretierte Bedürfnis-Äußerungen des Babys und falsche elterliche Antworten – Nahrungs-Angebot statt Spiel-Angebot, Stimulation statt Einschlaf-Hilfe etc. – werden vom Baby nicht toleriert, sondern sofort mit lautem Protest quittiert.

Die wichtigsten Hilfen, um Ihr Baby besser zu verstehen – und um sensibel und differenziert reagieren zu können:

- Sorgen Sie für einen regelmäßigen Tagesablauf.
- Bieten Sie Einschlafhilfen an.
- Vermeiden Sie Schläfchen spät am Tag. Dann wird der Nachtschlaf nicht hinausgeschoben und seltener unterbrochen.
- Geben Sie Ihrem Baby Möglichkeiten für Tagesschläfchen am Morgen und frühen Nachmittag (Spaziergang, Tragen etc.), um eine Überstimulation am Abend zu vermeiden.
- Vermeiden Sie Überstimulation – besonders bei einem empfindlichen Baby.
- Nutzen Sie die schreifreien Zeiten zur Interaktion mit Ihrem Baby.
- Wenden Sie keine eindimensionale Beruhigungs-Strategie an (immer Stillen, immer Tragen), sondern reagieren Sie je nach Situation, ob Ihr Baby müde oder wach ist und wie aufmerksam es gerade ist. Dazu müssen Sie den individuellen Zustand Ihres Babys gut „lesen“ können.
- Füttern Sie nach Bedarf und nicht nach der 4-Stunden-Regel.
- Ermöglichen Sie Trostsaugen an der Brust oder am Schnuller.
- Reagieren Sie in den ersten Monaten prompt auf das kindliche Schreien. Aber überprüfen Sie, ob verstärkte Beruhigungs-Maßnahmen wirklich nötig sind. Nehmen Sie Ihr Baby zum Beispiel nicht immer sofort auf, wenn es quengelt und gerade beim Einschlafen ist.

Letztlich ist es Sache der Eltern zu entscheiden, ob sie das Prinzip der körperlichen Nähe bevorzugen oder die Stärkung der kindlichen Fähigkeit, sich selbst zu regulieren. Am deutlichsten wird der Unterschied sicherlich beim Thema Einschlaf-Hilfen. Manche Eltern bringen sich selbst stark ein, indem sie ihr Kind auf dem Arm oder beim Saugen an der Brust in den Schlaf bringen. Andere arbeiten darauf hin, dass ihr Baby Stück für Stück ohne elterliche Einschlafhilfe zurechtkommt und sich damit auch in der Nacht seltener rückversichern muss. Beides kann wirksam sein, wenn es für die jeweilige Familie angenehm ist und konsequent praktiziert wird.
Es gibt zudem Kinder mit größerem und solche mit geringerem Kontakt-Bedürfnis. Das gleiche gilt für die Eltern. Fühlen die Eltern sich durch das Schlafen des Babys im Elternbett gestört und durch das viele Stillen zu sehr eingeengt, ist es für beide Seiten besser, liebevolle aber konsequente Wege zu mehr Distanz voneinander zu finden.
Genauso wenig sollten sich Eltern, die viel körperliche Nähe zu ihrem Baby wollen, davon abbringen lassen, ihr Kind tagsüber viel zu tragen, es an ihrem Körper einschlafen zu lassen und mit ihm das Schlafzimmer oder das Bett zu teilen. Wichtig ist Konsequenz im einmal eingeschlagenen Weg. Ein abrupter Wechsel von einer kontaktintensiven zu einer autonomiefordernden Haltung der Eltern ist für das Baby nur schwer nachvollziehbar und wird zunächst mit Irritation, Verunsicherung und lautstarkem Protest quittiert.
Dass Babys in den ersten Monaten mehr schreien als im späteren Leben, ist ganz normal. Ein völliges Verschwinden des Schreiens kann deshalb nicht erwartet werden. So kann eine Lösung des Schreiproblems auch darin liegen, mit dem Schreien besser umgehen zu können, wenn die Eltern erkannt haben, dass sie alles Machbare getan haben und das Kind nicht aus elterlicher Unkenntnis, sondern etwa aufgrund einer vorübergehenden mangelnden Regulations-Fähigkeit unruhiger ist. Dann geht es vor allem auch um die Frage, wie die Mutter und die gesamte Familie sich so einrichten können, dass sie das Schreien verkraften können.
Bei der Behandlung des persistierenden Schreiens – also eines exzessiven Schreiens, das länger als drei bis vier Monate anhält – ist es Erfolg versprechend, dass Fachleute im Rahmen eines systemischen Ansatzes intensiv mit

➤ Dass Babys in den ersten Monaten mehr schreien als im späteren Leben, ist ganz normal.

den betroffenen Familien zusammenarbeiten. Dabei kommen neben der Unterstützung der Eltern-Kind-Kommunikation eine entwicklungsorientierte Beratung, Übungen im Umgang mit dem Baby und Unterstützung bei der Etablierung des kindlichen Schlaf-Wach-Rhythmus zum Zuge – bei Bedarf auch Hilfen zur Entlastung der Eltern, kurzzeitige Eltern-Baby-Psychotherapien, Paarberatung und Hausbesuche durch Familienhelfer. Auch diese Maßnahmen setzen auf eine Veränderung der elterlichen Pflegepraktiken in Kombination mit einer Stärkung des gesamten familiären Systems.

Mein Bild vom Baby

Bereits vor der Geburt entwickeln Eltern ein Bild von ihrem Baby. Dieses Phantasie-Baby trägt viele ihrer Hoffnungen und Wünsche. Es ist natürlich gesund, von Anfang an hübsch und rundum knuddelig. Es ist ein Wunsch-Baby, das noch nicht mal harmlosen Milchschorf oder einen schnell verblassenden „Storchenbiss" hat. Werdende Eltern lassen es in Gedanken eine Vielzahl von Rollen durchleben und mit Leichtigkeit von einer Altersstufe in die nächste hüpfen. In der Phantasie ist das Geschlecht noch variierbar, zumindest in den ersten Schwangerschafts-Monaten. Je näher der Geburts-Termin rückt, desto mehr bleibt das Phantasie-Kind nun Mädchen oder Junge. Diese Idee kann so stark sein, dass sich manche Eltern nur einen Mädchen- oder nur einen Jungen-Namen überlegen. Manche Phantasie-Babys führen in den Gedanken der werdenden Eltern die Familienbäckerei weiter, bringen großväterlichen Erfindergeist in die nächsten Generationen oder sind gar Hoffnungsträger für das erste musikalische Genie in der Familie.

Eigentlich möchte man jetzt sagen: *„Hilfe, kann bitte mal jemand diese Phantasien stoppen? Sonst hat das reale Kind ja kaum eine Chance."* So schlimm ist es aber zum Glück nicht, zumal nach einer – wenn auch manchmal recht herben – Umstellungs-Zeit nach der Geburt das Bild vom Phantasie-Kind immer mehr verblasst. Fragt man Eltern eines Kindergarten-Kindes, wie sie sich ihr Kind als Phantasie-Kind vorgestellt hatten, dann macht es ihnen große Schwierigkeiten, sich daran zu erinnern. Hört man genauer zu, beschreiben sie ihr reales Kind, weil es inzwischen erfreulicherweise alle anderen Ideen verdrängt und einen sicheren Platz eingenommen hat.

Wir wissen heute, dass die intensive gedankliche Auseinandersetzung mit dem Kind vor seiner Ankunft für die Psyche der Eltern sehr wichtig ist, weil ihnen diese Phantasien helfen, das noch fremde Familienmitglied schon mal vorsichtig probehalber einzupassen. Es ist tatsächlich nur eine Vorübung, sich an ein neues Wesen im engsten Umkreis zu gewöhnen – eine Art Platzhalterschaft, bis das reale Kind da ist.

Trotzdem: Das echte Baby tritt nach der Geburt erst einmal gegen das Phantasie-Baby an. Und es muss verlieren – vor allem, wenn es ein Schreibaby ist.

60% der Mütter von Schreibabys sagen zwei Monate nach der Geburt, dass sich ihre Erwartungen und Vorstellungen von ihrem Baby nicht erfüllt haben. Das ist sechsmal häufiger als bei Müttern von ruhigeren Babys. Das ist wenig verwunderlich, wenn man bedenkt, dass schreiende Babys in den Medien, der Öffentlichkeit und selbst im privaten Kreis weitgehend tabuisiert sind. Auch der Geburtsvorbereitungs-Kursus bereitet selten auf die Möglichkeit vor, ein Kind zu bekommen, das in den ersten Monaten alles andere als pflegeleicht sein wird.

Viele Mütter – auch die ohne Schreibaby – erleben einen Realitäts-Schock, wenn ihr Baby da ist und sie feststellen müssen, dass die Kommunikation nicht von Anfang an optimal klappt. Es ist enttäuschend, nicht automatisch alle Bedürfnisse seines Kindes zu verstehen. Erst durch Erfahrung im Umgang mit ihrem ganz individuellen Kind gewinnen die Mütter an Sicherheit und Kompetenz und werden damit gleichzeitig zufriedener. Vier Monate nach der Geburt berichtet nur noch jede sechste, nach einem Jahr nur noch jede 20. Mutter, dass der Umgang mit ihrem Baby schwieriger als erwartet sei. Die meisten haben die erste Hürde dann erfolgreich gemeistert.

➤ Das echte Baby tritt nach der Geburt erst einmal gegen das Phantasie-Baby an. Und es muss verlieren – vor allem, wenn es ein Schreibaby ist.

Ambivalente Gefühle gegenüber dem Kind in den ersten Monaten sind also durchaus nicht selten. Wir müssen das *wirkliche* Baby erst einmal kennen lernen und eine Bindung zu ihm aufbauen. Das vorgeburtliche Phantasie-Baby muss dafür dem realen Baby Platz machen.

Aber auch im Umgang mit unserem echten Baby spielen Phantasien und Projektionen eine nicht zu unterschätzende Rolle. Die nonverbalen Signale des Säuglings bieten Raum für vielerlei Interpretations-Möglichkeiten. Ein physikalisch absolut gleiches Schrei-Signal (mit der Lautstärke von 80 bis 85 Dezibel, 0,8 bis 4,5 Sekunden Dauer und einer Frequenz von 350 bis 500 Hertz) kann von verschiedenen menschlichen Empfängern ganz unterschiedlich dekodiert und bewertet werden. Denn unsere Vorerfahrungen bestimmen unser

Verhalten und unsere Erwartungen. Davon hängt beispielsweise ab, ob die Mutter glaubt, dass ihr Baby absichtlich schreit, um sie zu ärgern und ihr Vorwürfe zu machen – oder aber, weil es seine Bedürfnisse, sprachlos wie es ist, nicht anders ausdrücken kann.

Kinder, die schreien, äußern ihre Bedürfnisse. Sie schreien nicht, um ihre Eltern zu ärgern oder zu provozieren. Bekommt das Schreien eine Bedeutung zugeschrieben, die weit über das hinausgeht, was das Baby tatsächlich ausdrücken will und kann – nämlich Hunger, Müdigkeit, Kontaktwunsch, Überreiztheit oder Wunsch nach (sozialer) Anregung – können sich Missverständnisse aufbauen und die Beziehung zwischen Kind und Eltern nachhaltig negativ beeinflussen. Die Mutter kann das Schreien etwa als Kritik des Kindes an ihrer mütterlichen Qualifikation werten. Diese vermeintliche Abwertung durch ihr Kind führt bei der Mutter zu Zorn und Mitleidslosigkeit. Hätte sie das Schreien aber als Bedürfnisäußerung oder mangelnde Fähigkeit, sich selbst regulieren zu können, verstanden, hätte die Mutter wohl eher Mitleid und Fürsorge empfinden können und dadurch sicher die Schreizeit verkürzt.

➤ *Kinder, die schreien, äußern ihre Bedürfnisse. Sie schreien nicht, um ihre Eltern zu ärgern oder zu provozieren.*

Lebens-Umstände, wie etwa ein Studium, können die Deutung des Schreiens sehr beeinflussen:

- **Evelyn** (26 Jahre alt) steckt in den Examens-Vorbereitungen. *„Am Anfang habe ich das Schreien zu oft als Hunger gedeutet. Dabei wollte **Lukas**, dass ich bei ihm bin und nicht bei meinen Büchern. Er fühlte, dass ich mich von ihm distanzierte, um für meine Prüfung zu lernen."*

Tatsächlich kann der Kontaktwunsch Anlass des Schreiens gewesen sein. Dass die Mutter meint, sie habe sich – aus welchen Gründen auch immer – von ihrem Kind distanziert, hat nichts mehr mit dem Baby zu tun, sondern mit den projizierten Schuldgefühlen der Mutter.

Aber nicht nur aktuelle Anlässe verändern die Wahrnehmung vom Kind und die Deutung seines Verhaltens. Auch längst vergangene Erfahrungen, die die Eltern in ihrer eigenen Kindheit gemacht haben, spielen dabei eine Rolle. Unsere Wahrnehmungen werden immer von diesen Phantasien begleitet. Und oft stellen sie sich ein, ohne dass wir wissen, wodurch sie eigentlich ausgelöst werden. Diese Phantasien können entwicklungsfördernd sein, wenn wir unserem Kind positive Eigenschaften unterstellen, für die wir es bestätigen und lieben. Genauso wirkungsvoll können schmerzhafte Erfahrungen und alte Ängste jedoch zu einer negativen Deutung des kindlichen Verhaltens führen. *Selma Fraiberg* spricht in einem sehr anschaulichen Bild von diesen alten Ängsten als „Gespenster im Kinderzimmer". Das sind Gespenster aus der eigenen Kindheit, die bei jedem Gespräch mit unserem Baby anwesend sind und sich zwischen uns und unser echtes Kind stellen.

➤ *Die Lebensumstände der Eltern können Einfluss darauf haben, wie sie das Schreien ihres Kindes deuten.*

- **Valerie** (28 Jahre alt) ist stark durch die Erzählungen ihrer Mutter geprägt: *„Ich weiß noch genau, dass ich bereits wenige Tage nach* ***Sonjas*** *Geburt, als ich ziemlich gestresst und von den Strapazen der Geburt noch ganz fertig war, an meine eigene Mutter dachte. Sie hat von meiner Kinderzeit immer nur erzählt, wie kaputt sie wegen mir gewesen ist. Mutter sein war für mich irgendwie verbunden mit Kaputtsein, sich aufgegeben haben, nur geben müssen, aber nichts mehr an Kraft haben. Jemand hat mir mal von den Gespenstern im Kinderzimmer erzählt. Meine sind viel älter – sie waren schon in meinem Kinderzimmer, in dem meiner Mutter und sicher schon Generationen vorher.*
  Ich habe Hilfe von außen gebraucht, um unsere hauseigene Tradition nicht fortzusetzen. Wenn Sonja schrie, litt ich und sah meine Mutter leiden – und in der weiten Zukunft sah ich Sonja bereits an einem Bettchen sitzen, in dem ihr Kind schreit. Durch die Behandlung stellte ich bereits nach wenigen Wochen fest, dass Sonja nicht nur schrie und ich nicht nur gab – sondern dass ich auch unglaublich viel bekam."

Über die Existenz dieser „Gespenster“ Bescheid zu wissen, hilft gegen negativ getönte verzerrte Wahrnehmungen der kindlichen Äußerungen. Das ist der Ausgangspunkt, um die Gespenster verjagen zu können und sein Kind so zu sehen, wie es tatsächlich ist. Erst jetzt merkt man, dass es keineswegs böse, herausfordernd oder vorwurfsvoll ist. Wut, eigene Ängste und massive Schuldgefühle werden verringert und das „Gespräch“ mit dem Kind wesentlich erleichtert – manchmal zum ersten Mal ermöglicht. Über die Gespenster mit dem Partner zu reden, kann ihnen bereits einen Teil ihrer Wirkung nehmen. Auch Psychologen, die in Schrei-Ambulanzen arbeiten, können als „Gespensterjäger“ zur Seite stehen und helfen, die falschen Deutungen vom Kind aufzugeben und damit die Gespenster aus dem Kinderzimmer zu verjagen.
Damit verlieren auch viele andere kindliche Verhaltensweisen, denen zuvor Absicht unterstellt worden war, an Bedeutung. Die momentane Ablehnung des Körperkontakts oder eine vorübergehende Blickabwendung bedeuten dann nicht, dass das Kind grundsätzlich nichts mehr von Mutter oder Vater wissen will. Sondern es heißt nur, dass ihm zur Zeit nicht nach Kontaktaufnahme zumute ist und es sich gerade vor zu vielen Reizen schützen will. Eine äußerst gesunde Reaktion.

➤ Gerade Eltern von Schreibabys fällt es schwer, ein realistisches Bild von ihrem Kind zu entwickeln.

Gerade Eltern von Schreibabys fällt es schwer, ein realistisches Bild von ihrem Kind zu entwickeln. Selbst wenn die Zeit des exzessiven Schreiens vorbei ist, bleibt oft ein verzerrter Eindruck vom Verhalten und Charakter des Kindes zurück – entweder ein getrübter oder ein verklärter. In einigen Familien hat die „gemeinsam“ überstandene, für beide Seiten anstrengende und kraftraubende Zeit ein Gefühl besonderer Nähe erzeugt und die Familie zusammengeschweißt. Die Eltern betrachten ihr Kind häufig als besonders intelligent und früh entwickelt.

- **Leah** (9 Monate alt) ist ein ehemaliges Schreibaby. Mittlerweile krabbelt sie schon seit über einem Monat wie ein Weltmeister. Sie hat großen Appetit und schon acht Zähnchen. Leah ist ausgeglichen und kommt gut mir ihrer Tagesmutter zurecht, seit ihre Mutter wieder arbeitet.

➤ *Schleppen Sie Ihr frühes Schrei-Erlebnis nicht durch die ganze Kindheit Ihres Kindes.*

In anderen Familien hält sich ein problematisches Bild des Kindes zumindest bis ins Schulalter. Die Eltern beschreiben ihr ehemaliges Schreibaby immer noch als besonders schwierig. Dieses schlechte Bild vom Kind ist nicht nur nachteilig für das Verhältnis zwischen Eltern und Kind – es ist zudem nachweislich falsch. Objektive Einschätzungen von unbeteiligten Forschern und Lehrern zeigen keine Unterschiede zwischen Ex-Schreibabys und Gleichaltrigen, die als Baby wenig geschrieen haben. Es ist der bittere Nachgeschmack, der möglichst schnell weggespült werden muss.

Schleppen Sie Ihr frühes Schrei-Erlebnis nicht durch die ganze Kindheit Ihres Kindes. Ihr Kind hat zwar in den ersten Monaten seines Lebens mehr geschrieen als andere. Aber jetzt ist es ein ganz normales Kind. Und so sollten Sie es auch betrachten und behandeln – wenn Sie Ihr Kind nicht jahrelang mit etwas belasten wollen, das längst vorbei ist.

Schreien ruft Wut hervor

Ein ständig schreiendes, durch keine Maßnahme zu beruhigendes Baby ist eine schmerzhafte Erfahrung für alle jungen Eltern. Ihr Kind nicht trösten zu können und keinen Einfluss auf sein Verhalten zu haben, sehen viele Eltern als Scheitern bereits bei der ersten Aufgabe in ihrer neuen Rolle als Mutter und Vater. Liegt das Baby angespannt oder überstreckt in den Armen der Eltern, kann das sehr verletzend sein. *„Wie soll das bloß weitergehen, wenn ich mein Baby noch nicht einmal ruhig bekomme?“* Die Erfahrung, keine Kontrolle mehr über die Situation zu haben und nicht mehr selbst in der Hand zu haben, was um einen herum abläuft, ist für viele neu. Weglaufen ist nicht möglich, dableiben nicht auszuhalten. Auch die Angst, die Beherrschung zu verlieren, kann sich einstellen und die Situation noch mehr verschärfen.

- **Charlotte** (29 Jahre alt) geriet durch das ständige Schreien ihres Sohnes **Till** in Wut. *„Hätte er ruhig gelitten, hätte ich viel mehr Mitleid haben können. Dann wäre ich auch nicht so genervt gewesen und hätte mich liebevoller um ihn kümmern können. Er hat meine Unfähigkeit herausgeschrieen, so kam es mir immer vor. Mit diesem Kind bin ich in der Straße blamiert. Man hatte mich vorher als erfolgreiche Geschäftsfrau kaum gekannt und sich noch kein richtiges Bild von mir machen können. Jetzt glaubt man mich zu kennen – als Mutter mit einem schreiendem Kind.“*

➤ Den Umgang mit der eigenen Wut kann man lernen.

Nicht genug, dass man vor sich selbst „blamiert“ dasteht. Jeder Besuch, jeder Nachbar und jeder Passant beim Spaziergang bekommt den Eindruck, dass es mit der elterlichen Kompetenz nicht weit her sein kann. Als Städter eher daran gewöhnt, möglichst unauffällig in der Menge unterzutauchen, Blickkontakt zu vermeiden und Berührungen auszuweichen, werden die Eltern durch das Gebrüll ihres Babys plötzlich unweigerlich zu einer Kommunikation mit Fremden gezwungen, die sie weder gewollt haben noch kontrollieren können. Fragende, skeptische, missmutige, mitleidige Blicke werden auf sie gerichtet, die man kaum ignorieren kann. Sie werden aus der Anonymität gerissen und der Öffentlichkeit von ihrer schlechtesten Seite präsentiert. Gründe genug, um frustriert zu sein und auf ihr Schreibaby wütend zu werden, das sie vor sich selbst und den anderen so „bloßstellt".

Wie kann man mit dieser Wut umgehen, die sicher verständlich, aber auch gefährlich ist? Die Wut am Kind auszulassen – es anzuschreien, zu packen und zu schütteln – hat schlimme Folgen für Eltern und Kind. Das Baby ist zumindest verschreckt und irritiert und wird sogar mehr schreien als zuvor. Bei zu heftigen körperlichen Reaktionen besteht ernsthafte Verletzungsgefahr, besonders beim Schütteln. Bei den Eltern bleibt nach verrauchter Wut ein schales Gefühl zurück, falsch und ungerecht gehandelt zu haben.

➤ *Die richtigen Gedanken helfen Ihnen, Ihre Wut zu zähmen.*

Diejenigen, die bereits Erfahrung mit ihrer eigenen Wut gesammelt haben, wissen vielleicht, wie sie damit umgehen können – die anderen müssen erst mühsam den Umgang damit lernen. Dazu gehört, diese unangenehmen Gefühle bei sich selbst erst einmal zu akzeptieren, sie der schwierigen Situation und nicht sich selbst oder seinem Kind zuzuschreiben. Unterdrückte Wut staut sich an und führt irgendwann unweigerlich zu einem Jähzorns-Ausbruch. Macht man sich diese inneren Abläufe bewusst, kann man auch Wege finden, wie man mit den Wutgefühlen umgehen kann, ohne Schaden zu verursachen. Unter den verschiedenen Möglichkeiten findet sich sicher auch für Sie eine passende.

- Manche Eltern reagieren ihre Wut an Gegenständen ab oder durch Herausschreien der Gefühle. Damit Ihr Kind das nicht als weitere Irritation mitbekommt, können Sie sich in einer solchen Situation zum Beispiel unter die Bettdecke verkriechen und auf das Kopfkissen schlagen.

- Vielen hilft auch das Führen eines „Wut-Tagebuchs". Dabei können Sie sich allen Zorn, allen Frust und Ihre Ohnmachts-Gefühle von der Seele schreiben, ohne jemanden damit zu verletzen und ohne kommentiert zu werden.
- Falls Sie mit jemandem über Ihre Wut reden wollen und es steht niemand zur Verfügung, gibt es dafür in jeder größeren Stadt eine anonyme Telefonseelsorge oder ein spezielles „Eltern-Stress-Telefon" bei Kinderschutz-Zentren – nach dem Motto: *„Greif' zum Telefon – und nicht zum Kind"*.
- Vielleicht schaffen Sie es aber sogar, noch einen Schritt früher anzusetzen und die Wutgedanken gar nicht erst aufkommen zu lassen. Was Eltern mit geringer Neigung zu Wutanfällen von solchen mit starker Neigung unterscheidet, sind die Gedanken, die sie im Zusammenhang mit dem kindlichen Verhalten entwickeln:
  - *„Das liegt am Entwicklungs-Stadium meines Babys. Jedes Kind muss solche Stadien durchlaufen."*
  - *„Das ist in diesem Alter normal."*
  - *„Es will mich gar nicht ärgern. Es will damit nur die Situation bewältigen."*
  - *„Es kann jetzt nicht anders, als zu schreien, Zuwendung zu fordern etc."*
  - *„Halte durch, Du wirst auch ohne Wutanfall damit fertig."*

  Benutzen Sie solche oder ähnliche Aussagen, mit denen Sie sich am besten identifizieren können. Schreiben Sie sie auf einen Zettel und lesen sich diesen Gedanken immer wieder vor. Das verstärkt Ihre Einsicht, dass Ihr Kind nicht absichtlich schreit, um Sie zu ärgern. Und es hilft, Ihre Wut zu verringern oder zumindest besser zu beherrschen.
- Manchen Eltern helfen auch Entspannungs-Techniken wie Tiefatmung, progressive Muskel-Entspannung oder Atem-Meditation. Solche Techniken werden eingeübt, damit sie sofort zur Verfügung stehen, wenn sich in kritischen Situationen erste Warnsignale der Wut

zeigen – wie Herzklopfen, beschleunigter Puls, schwere, schnelle oder kurze Atmung, Magenkrämpfe, Enge in Brust oder Bauch, verspannte Muskeln, Zähneknirschen oder verengte Augen. Elementar bei diesen Verhaltens-Techniken für kritische Situationen ist es, sich und den eigenen Affekten eine kleine Pause zu verschaffen, um die ersten aggressiven Impulse abzublocken, bevor sie Unheil anrichten. Nach der Pause wird die Reaktion auf jeden Fall gedämpfter und überlegter ausfallen, als wenn man den ersten spontanen Gefühlen nachgegeben hätte. Mitunter ist es hilfreich, das Baby abzulegen, sich wegzudrehen oder den Raum für kurze Zeit zu verlassen.

- Wenn die Nachbarn das Babyschreien hören können, kann die tatsächliche oder vermeintliche Ruhestörung eine weitere Belastung darstellen: zum einen die Peinlichkeit, andere Leute durch das anhaltende Schreien zu stören – zum anderen, sie zu Zeugen des vermeintlichen Versagens zu machen. *„Was müssen die für ein Bild von uns als Eltern haben?“* Hier ist ein direktes Gespräch meist die beste Lösung. Oft stellt sich heraus, dass die Lärmbelästigung gar nicht so schlimm ist wie in den eigenen vier Wänden erlebt, oder dass die Nachbarn mehr Verständnis zeigen als erwartet. Zwar sind schreiende Babys oft ein Tabuthema – aber mindestens jedes achte Elternpaar kennt die Schwierigkeiten und Belastungen durch das exzessive Schreien aus eigener Erfahrung. Gespräche mit den ungewollten Zuhörern helfen, die hausgemachten Ängste abzubauen – und nicht selten findet sich sogar ein aufgeschlossener Ansprechpartner. Wenn den Nachbarn klar wird, dass Sie Ihr Möglichstes tun und Ihr Baby trotzdem schreit, bleibt kein Platz mehr für anonyme Vorwürfe, und Sie haben einen Grund weniger, um auf Ihr Kind wütend zu sein.

Viel Schreien bringt die Familie durcheinander. Was tue ich im Schrei-Notfall?

Schrei- und Unruhephasen, die sich Tag für Tag über mehrere Stunden hinziehen, nächtlicher Schlaf, der immer wieder durch Schreiattacken unterbrochen wird – das sind enorme, von außen häufig unterschätzte Belastungen für die gesamte Familie. Gewohnte familiäre Abläufe, die Beziehung zum Partner, zu Geschwisterkindern und nach außen hin zu Freunden und Verwandten geraten im Alltag mit einem Schreibaby völlig durcheinander.

Belastungs-Faktoren für die Eltern kommen aus verschiedenen Richtungen. Wird das unberuhigbare Schreien als persönliche Einflusslosigkeit und mangelnde elterliche Kompetenz empfunden, ist die persönliche Frustration groß. Hinzu kommen Erschöpfungs-Zustände durch die ständigen Beruhigungs-Versuche und – wenn das Kind auch nachts schreit – Schlafdefizite. Auf der anderen Seite gibt es kaum noch Momente, in denen man sich durch entspannende Tätigkeiten regenerieren kann. Deshalb erkennen sich einige Mütter und Väter von Schreikindern nach einiger Zeit der Belastung selbst nicht wieder. Sie sind je nach Temperament launischer, streitsüchtiger oder aber niedergeschlagener und ängstlicher als vorher.

Findet sich keine Lösung für das Schreiproblem, kann es zwischen den Partnern zu vermehrten Streitigkeiten mit gegenseitigen Schuldzuweisungen kommen. Oft liegt dem Zwist jedoch kein grundsätzliches Problem zugrunde, sondern der angestaute Frust beider Partner findet hier sein Ventil. Kleine Anlässe reichen zum Streit, weil alle mit den Nerven fertig sind. Um den Auseinandersetzungen einen Sinn zu geben, sollten beide Parteien bemüht sein, ihre Ängste, Wünsche und Meinungen zu äußern, ohne verletzend zu werden – um dann in einem nächsten Schritt gemeinsam zu überlegen, was man ändern kann, um die Familie zu entlasten.

Schreizeit ist Auszeit für das Familienmitglied, das sich gerade um das Kind bemüht – meist die Mutter. Diese Zeit fehlt dann an der Zeit für Haushalt, der

Zeit für andere Familienmitglieder und an eigener Zeit. Es gilt, sinnvolle Zeitbudgets aufzustellen, die der veränderten Familien-Situation besser angepasst sind. Es geht darum, zumindest zeitweilig den Traum eines perfekten Haushalts und Familienlebens aufzugeben und nicht mehr zu denken, alles hinbekommen zu müssen. Am Haushalt lässt sich mit den wenigsten Verlusten für alle Seiten sparen: Einfache oder fertige Gerichte statt aufwändiger Mahlzeiten, Reinigen und Bügeln nur, wenn wirklich nötig. Ein Zeitplan für die unbedingt notwendigen Dinge (Einkaufen, Kochen, Waschen …) und eine Prioritäten-Liste der Top Ten, was man braucht und worauf man nicht verzichten will (Viertelstunde Zeitung lesen bei einer Tasse Kaffee, ein Mittagsschläfchen usw.), erleichtern die Koordination der Haushalts-Tätigkeiten zwischen den Partnern und willigen Helfern unter Bekannten und Verwandten.

➤ Vergessen Sie eine Zeitlang den Traum vom perfekten Haushalt. Sie brauchen Zeit für sich selbst.

Auch die Zeit des Baby-Tröstens sollte unter den Eltern geregelt werden, so dass sich keiner unbeteiligt oder ausgenutzt vorkommt. Häufig übernimmt der berufstätige Vater am Abend und am Wochenende die Betreuung. Das kann für die gestresste Mutter sehr entlastend sein. Auch für die Nacht, falls das Baby häufig wach wird, sollte vorher geklärt werden, wer wann das Füttern und Beruhigen übernimmt. Bei nächtlicher Unruhe kann es sehr hilfreich sein, falls das Baby mit im Zimmer schläft, abwechselnd einem der Partner eine Auszeit in einem anderen Zimmer für die Nacht zu gönnen. Niemand hat etwas davon, wenn beide Elternteile am nächsten Morgen übernächtigt und gerädert aufstehen.

Geschwisterkinder haben häufig das Nachsehen, wenn der laute Neuling in der Familie und die Bemühungen, ihn zu beruhigen, alles übertönen. Für Aufmerksamkeit und Aktivitäten mit dem älteren Kind bleibt dann nur noch wenig Zeit. Das sowieso anstehende Problem der Eifersucht gegenüber dem neuen Familienmitglied wird durch das exzessive Schreien noch forciert. Gerade in Familien mit Schreibaby ist es darum wichtig, bei der Neuorganisation der

Familienzeit feste Ausgleichszeiten für die Geschwisterkinder einzuplanen. Tägliche Parkbesuche, beliebte Spiele oder Vorlesezeit tun nicht nur dem Geschwisterkind gut, sondern auch dem Elternteil, der eine Beruhigungs-Pause vom Schreien genießen kann.
Auch die Zeiten gemeinsamer entspannter Gespräche zwischen den Eltern, Momente der Ruhe und intimer Zweisamkeit fallen dem Schreien oft zum Opfer. Damit fallen aber auch wichtige Kraftquellen für beide Elternteile weg, die eigentlich nötig wären, um den besonderen Belastungen standzuhalten. Um nicht nur die Schlafzeiten des Babys zum emotionalen Tanken beim Partner nutzen zu können, sollte wenigstens ein- oder zweimal im Monat ein Abend mit Hilfe von Freunden, Verwandten oder Babysittern organisiert werden, den Vater und Mutter wieder als Mann und Frau genießen können.
Der Umgang mit Verwandten und Freunden wird durch die veränderte Lebenssituation auf eine harte Probe gestellt und erweist sich nicht immer als tragfähig. Das Schreiproblem sollte thematisiert und nicht aus falschem Stolz vertuscht werden. Vielleicht finden sich einige tragfähige Beziehungen, die durchaus Entlastung bringen können. Auch wenn es vielleicht nur ein Telefonat ist, bei dem man seine Probleme schildern und seine Gefühle äußern kann, ist der Zuspruch von außen äußerst wohltuend. Vielleicht sind auch einige Helfer bereit, Besorgungen zu erledigen oder der Mutter auch mal das schreiende Baby abzunehmen. Mitunter stellt sich in so einem Fall sogar der paradoxe Effekt ein, dass das Baby ausgerechnet dann aufhört zu schreien.
Nicht immer ist der Kontakt zum Familien- und Freundeskreis jedoch erfreulich. Unbrauchbare Ratschläge kann man vielleicht noch ignorieren – verletzende oder abwertende Bemerkungen sind jedoch nicht gerade das, was die Eltern in dieser angespannten Situation brauchen können. Hier sollten Sie rechtzeitig auf die bekannten Ergebnisse der Schreiforschung hinweisen, um falschen Ratschlägen und Anschuldigungen den Wind aus den Segeln zu nehmen. Tritt daraufhin keine Einstellungs-Änderung ein, konzentrieren Sie sich einfach auf die Menschen, die Sie unterstützen und aufbauen.

➤ ***Planen Sie Ausgleichszeiten für Geschwisterkinder ein.***

- **Stefanies** (27 Jahre alt) Tagesablauf wird allein durch das Schreien oder Ruhigsein ihrer Tochter **Sophie** bestimmt (14 Wochen alt, schreit jeden Tag vier bis fünf Stunden lang). Freundinnen, die für sie da sein könnten, stehen nicht zur Verfügung. Sie notierte in ihrem Tagebuch:
  *„**5 Uhr**, Frühschicht. Unglaublich, Sophie hat ganze sechs Stunden geschlafen, und das am Stück, hurra! Wenn mir früher jemand erzählt hätte, ich würde mich freuen, um 5 Uhr früh geweckt zu werden – ich hätte ihn für verrückt erklärt.*
  ***8.30 Uhr**. Ich lege Sophie wieder ins Bett. Ein paar Minuten schläft sie – und fängt dann wieder an zu schreien. Ich schaukle sie wieder in den Schlaf. Das gleiche Spielchen wiederholt sich immer wieder, bis ich mit den Nerven fertig bin und sie zur nächsten Mahlzeit wieder hochnehme.*
  ***15.30 Uhr**. Sophie ist gestillt und gewickelt, Zeit für ein Schläfchen. Ich möchte mich auch gern etwas hinlegen. Kaum bin ich eingedöst, höre ich sie schon wieder schreien. ‚Ja, Sophie, was ist denn los?' Schaukeln oder Fencheltee will sie nicht. Ich trage sie also wieder herum.*
  ***22.30 Uhr**. Ich liege im Bett und habe drei Wünsche. Erstens: Eine Rückenmassage. Zweitens: Eine Oma zum Kind hüten und zum Ausheulen. Drittens: Freundinnen, die auch mal babysitten und mir nicht immer wieder unter die Nase reiben, dass es für Kinder noch viel zu früh sei."*

Wenn Familie oder Freunde nicht zur Entlastung zur Verfügung stehen, ist ein alternativer Weg, auf Fremde, aber Gleichgesinnte zuzugehen. Der Kontakt zu Familien, die ähnliches erleben oder erlebt haben, kann sehr tröstlich und aufbauend sein. Die Zugänge können hier je nach Stadt sehr unterschiedlich aussehen. In einigen Städten gibt es Nachbarschafts-, Familien- oder Mütterzentren, die spezielle Angebote für junge Mütter haben, mitunter sogar eine richtige Schrei-Sprechstunde. In anderen Städten sind es Erziehungs- und Familienberatungs-Stellen, die Kontakte zu anderen Müttern vermitteln. In anderen Regionen bieten lokale Mutter-Kind- oder Still-Gruppen die Möglichkeit, Kontakte zu knüpfen. Kirchen, die Gemeinde, Hebammen können ebenfalls häufig weiterhelfen. Die wichtigsten Anlaufstellen mit Adresse und Telefonnummer finden Sie im Info-Magazin (Kapitel 6).

Die wichtigste Voraussetzung für eine Entlastung ist sich einzugestehen, dass Sie Hilfe brauchen, und die Hemmschwelle zu überwinden, sich mit diesem Problem zu outen. Vielleicht möchten Sie auch selbst eine eigene lokale Selbsthilfegruppe gründen. Aushänge, Annoncen oder Mund-zu-Mund-Propaganda können dabei helfen. Jedes 7.-10. Baby leidet unter exzessivem Schreien. In Ihrem Geburtsvorbereitungs-Kursus waren sicher einige Schwangere, die nun das gleiche Problem haben wie Sie und sich vielleicht auch nicht trauen, es vor anderen auszusprechen. Vielleicht können Sie über die Geburts-Vorbereiterin bzw. Hebamme den ersten Kontakt herstellen. In Kinderarztpraxen könnten Sie eine Liste von interessierten betroffenen Familien auslegen, die sich mit Leidensgenossinnen unterhalten, austauschen oder treffen möchten.

➤ *Wenn Sie Hilfe brauchen, überwinden Sie die Hemmschwelle, sich mit Ihrem Schreiproblem zu outen.*

Wichtig ist, sich zu überlegen, in welchen Bereichen Sie wirklich Entlastung brauchen, und gemeinsam mit Ihrem Partner zu besprechen, wie eine Umsetzung aussehen könnte:

- *„Brauche ich Hilfe im Haushalt?“*
- *„Brauche ich jemanden, der mir bisweilen das Baby abnimmt oder das Geschwisterkind?“*
- *„Brauche ich einen Ansprechpartner, dem ich mein Leid klagen kann und der mitfühlt, ohne zu werten?“*
- *„Brauche ich Kontakte zu Familien, die auch unter dem Schreien ihres Babys leiden?“*
- *„Wenn ich einen Wunsch frei hätte, was würde ich mir wünschen, damit ich mein Kind endlich wieder genießen kann?“*

Kapitel 4: Das Wichtigste in Kürze

- Schreibabys haben häufig eine Reifungsverzögerung. Sie sind in den ersten drei Lebensmonaten besonders empfindlich und weniger dazu in der Lage, sich selbst zu regulieren.
- Keine Angst vor Blähungen: Sie sind so gut wie nie für das Schreien verantwortlich, weshalb auch nur selten eine Ernährungsumstellung hilft.
- Hält das exzessive Schreien nach dem dritten oder vierten Monat noch an, brauchen Kind und Familie spezielle Hilfen.
- Ein Schreitagebuch hilft die Übersicht zu behalten.
- Exzessives Schreien hat keine Spätfolgen – vorausgesetzt, das Baby erhält nicht das Etikett „Schwieriges Kind".
- Ändert sich das elterliche Betreuungsverhalten, wird das Schreien weniger.
- Das Kind braucht Verständigungs- und Regulationshilfe – es will seine Eltern nicht anschreien oder gar provozieren.
- Das kindliche Schreien erzeugt verständlicherweise Wut. Den Umgang damit kann man lernen.
- Das Familienleben muss neu organisiert werden, um mit den Schreiproblemen besser umgehen zu können.

5

Wie Ihr Kinderarzt Ihnen helfen kann

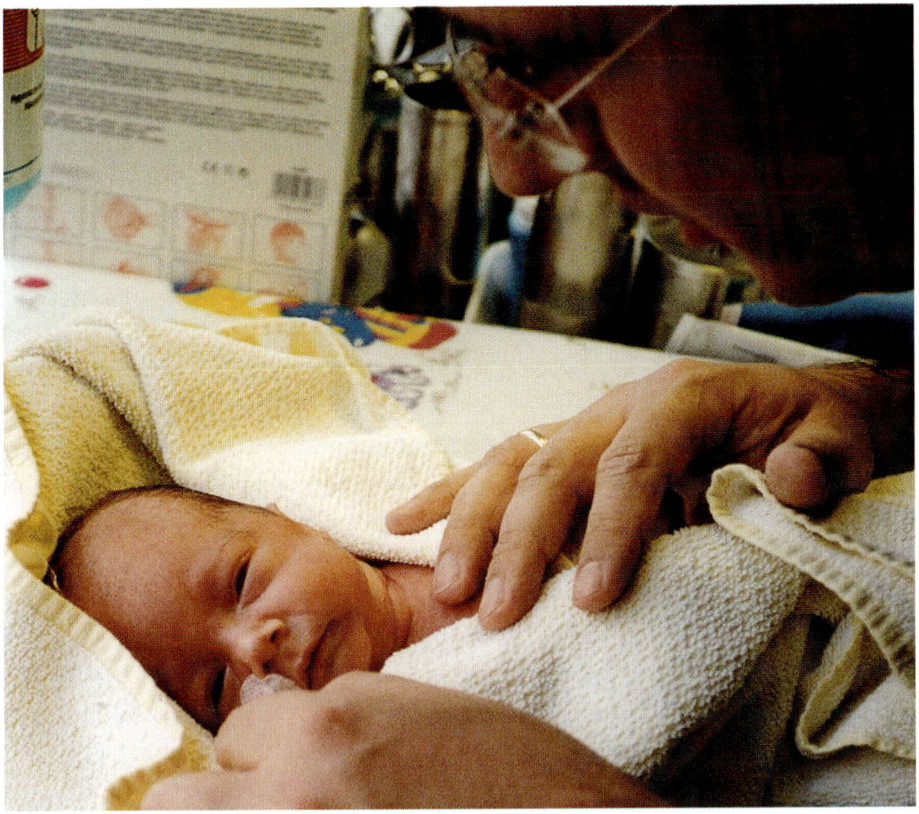

In diesem Kapitel erfahren Sie, ...

- welche Hilfen Sie von Ihrem Kinderarzt bekommen können
- was Sie Ihrem Kinderarzt sagen müssen, damit er Ihnen helfen kann
- was Sie tun können, damit das Schreien Sie nicht zu sehr belastet

Das Kinderarzt-Interview

Der Kinderarzt ist oft der erste Ansprechpartner für Eltern, die Fragen zum Schreien und der Unruhe ihres Babys haben. Insbesondere, wenn sie das Gefühl haben, ihr Baby schreit zuviel und sie können es nicht richtig trösten, möchten sie wissen, ob ihrem Kind etwas fehlt und wie man es besser beruhigen kann. Anders als bei Kinderkrankheiten ist beim Phänomen „Schreien“ eine sehr umfassende Vorgehensweise gefordert – weil meist keine isolierte organische Ursache vorliegt, sondern entwicklungspsychologische, neurologische, soziale und verhaltensbiologische Faktoren eine Rolle spielen. Immer mehr Kinderärzte nehmen sich die Zeit, den Eltern diese komplexen Zusammenhänge zu vermitteln – entweder im Rahmen ihrer Praxistätigkeit oder sogar in Form einer speziellen „Schrei-Sprechstunde“.
Dr. Christoph Hövels ist Kinderarzt und Neuropädiater, also ein Spezialist für die Hirn-Entwicklung des Kindes. Er beschäftigt sich seit vielen Jahren mit dem Thema Säuglings-Schreien und hat bereits vielen Rat suchenden Eltern durch intensive Gespräche und Behandlungs-Vorschläge helfen können. Im folgenden Interview gibt er wichtige Hinweise für Eltern:

Wann kommen Eltern mit dem Problem auf Sie zu, dass ihr Baby zu viel schreit?
Das ist unterschiedlich. Aber meist, wenn das Schreien ein gewisses Maß überschritten hat. Die Empfindlichkeit der Eltern ist natürlich sehr verschieden. Die Spätesten kommen erst, wenn ihr Baby vier bis sechs Monate alt ist. Es gibt aber auch welche, die bereits kurze Zeit nach der Geburt mit diesem Problem kommen, etwa nach zwei bis drei Wochen.

Sprechen Sie das Thema „Schreien“ bei einem Vorsorgetermin an?
Ich spreche es beim ersten Kontakt mit der Mutter an, zum Beispiel vor der U 2 oder direkt bei der U 2, spätestens aber bei der U 3. Mir ist es wichtig, dass Eltern etwas über das Schreien wissen, bevor sich bei ihnen eine Schreisituation entwickelt.

Das heißt, die Eltern werden auch ein Stück weit für das Schreien sensibilisiert.

Sie sollen verstehen, was da abläuft, und wenn es dann akut auf sie zukommt, sich daran erinnern: *„Aha, darüber hat der Arzt schon mal mit mir gesprochen, das ist gar keine Krankheit, das gehört zum Entwicklungs-Verlauf des Babys dazu.“*

Wenn die Eltern mit einem Schreiproblem zu Ihnen kommen, was müssen Sie dann über das Baby wissen? Welche Fragen stellen Sie den Eltern?

Wichtig für mich ist die Vorgeschichte des Babys, Kenntnisse über den Schwangerschaftsverlauf, wie die Geburt verlaufen ist und wie die Zeit direkt nach der Geburt war. Wie lange hat die gemeinsame ruhige Zeit gedauert? Und gibt es trotz der jetzt einsetzenden Schreiphase noch gute Stunden miteinander? Dann schaue ich mir die äußeren Belastungsfaktoren an und betrachte zuerst den gesundheitlichen Aspekt. Aber auch Aspekte der Beziehung sind wichtig. War es ein von Anfang an gewolltes Kind? In welche Situation ist das Kind hineingeboren worden? Ich versuche den Rhythmus von Mutter, Vater und Kind zu erfassen und festzustellen, wie das Kind in Bezug auf Kontaktsuche, Schlafen, Trinken oder Schreien in die Familie „hineinpasst“. Daran kann ich festmachen, welcher Druck auf den Eltern lastet.

Wenn es also um das Schreien geht, stellen Sie nicht nur Fragen zum Schreien, sondern auch zum Beispiel zum Schlafen und zum Trinken.

Es ist wichtig, ein gesamtes Bild zu erfassen. Um zu sehen, wie das Baby auf das Verhalten der Eltern reagiert, etwa auf die Form, wie es getröstet wird. Wie reagiert es, wenn es hochgenommen und herumgetragen wird? Oder müssen schon stärkere Dinge passieren – schaukeln oder im Auto spazieren fahren – damit das Kind zur Ruhe kommt? Mir ist auch wichtig zu erfahren, ob Mutter und Kind positive Zeiten miteinander haben, wie sie im aktiven Wachzustand miteinander spielen, ob ein Blickkontakt besteht und ob das Kind auch eine Beziehung zu seiner Mutter aufbaut, die sie schon spürt.

Sie deuten damit an, dass das Schreien ein grundsätzliches Beziehungs-Problem ist.
Ja, so ist es.

Was haben die Eltern für Vorstellungen über „zu viel schreien"?
Das sind natürlich sehr subjektive Vorstellungen: Für manche Eltern ist es schon ein Problem, wenn ein Kind eine Viertelstunde oder eine Halbestunde lang schreit. Andere kommen erst, wenn ihr Kind vier oder fünf Stunden am Stück schreit. Ich empfehle dann meistens, ein Tagebuch zu führen, wenn ich das Gefühl habe, dass die Eltern gar nicht genau wissen, wann ihr Kind schreit und wann es Ruhephasen hat. Es soll eine Hilfe sein – für die Eltern, eine Orientierung im Tageslauf zu finden, und für den Kinderarzt, normale von auffälligen Abläufen abzugrenzen.

Wie kann man denn schreiende Kinder überhaupt trösten?
Das unkomplizierte Baby in der Schreiphase bis zu drei Monaten ist immer tröstbar. Es gibt hier einen typischen Verlauf: Wenn das unruhige oder schreiende Kind hochgenommen wird, dann wird es nach fünf bis spätestens zehn Minuten ruhig. Es fängt an, sich umzuschauen und schläft sogar ein. Das Problem taucht erst dann wieder auf, wenn man das Kind weglegen möchte: Das spürt das Kind sofort und wird unruhig. Und wenn man es dann weglegt, fängt es wieder an zu schreien.

Das heißt, dass die meisten Babys nur dann Schreibabys sind, wenn sie weg von der Bezugsperson sind?
Nicht nur. Aber das Fehlen der gewohnten Bezugsperson spielt natürlich auch eine Rolle.

Wie alt sind die Säuglinge, die wegen exzessiven Schreiens zu Ihnen gebracht werden?
Die erste Schreiphase beginnt etwa am zehnten, zwölften Lebenstag und kann bis zum dritten Lebensmonat reichen. Auffallend ist, dass die exzessiven Schreikinder häufig erst später in die Praxis kommen. Wenn man dann genau-

er nachschaut, sieht man, dass sie oft die Vorgeschichte eines ganz „normalen Schreiens" haben, das aus den Fugen geraten ist. In der normalen Schreiphase wurde die Verunsicherung der Eltern aber so hoch, dass sie sich bald nicht mehr zutrauten, ihr Kind zu beruhigen. Leider haben sie sich dann keine Hilfe geholt, so dass sich das Schreien ausgedehnt hat – nicht nur zu den späten Nachmittagszeiten und am mittleren Abend, sondern dann irgendwann über den ganzen Tag verteilt, manchmal sogar über die ganze Nacht. Die Eltern kommen dann erst, wenn sie mit den Nerven völlig fertig sind und das Kind auch keine Ruhe mehr findet. Das exzessive Schreien ist oft ein normales Schreien, das Eltern und Kind in der primären Schreiphase entglitten ist.

Was ist die größte Angst der Eltern, wenn sie zu Ihnen kommen?
Die häufigste Angst ist, dass mit der Muttermilch etwas nicht stimmt: Dass sie zu wenig oder nicht gut genug ist. Und man möchte abklären, ob man zu einer anderen Ernährung wechseln soll. Die nächste Besorgnis der Eltern sind die Koliken. Die Eltern haben das Gefühl, ihr Kind habe eine Kolik, weil die Mutter dies oder jenes gegessen habe, was das Kind nun mal eben nicht verträgt. Sie sind ganz überrascht, wenn sie hören, dass das nur ganz selten der Fall ist und auch dann nicht die eigentliche Ursache für das Schreien darstellt. Die nächste typische Angst ist, dass etwas organisch nicht stimmt, dass das Schreien also medizinische Gründe hat.

Wie sieht es mit der Angst aus, das Kind nicht satt zu bekommen? Können Sie hier die Eltern beruhigen?
Hier ist der einfachste und überzeugendste Weg, das Kind zu wiegen, um sein Gewicht festzustellen – und vor allen Dingen auch, um wie viel es zugenommen hat. Das Wiegen vor und nach jedem Stillen schlage ich nur dann vor, wenn wirklich keine Gewichts-Zunahme pro Woche erreicht wird. Ansonsten biete ich den Müttern an, dass wir uns einmal pro Woche treffen, gemeinsam das Gewicht feststellen und sehen, wie das Kind regelmäßig zunimmt. Da reicht meist eine Kurzberatung aus, um den Müttern den Glauben an ihre Stillfähigkeit wiederzugeben.

Welche Untersuchungen nehmen Sie vor um abzuklären, ob Organisches hinter dem Schreien steckt?

Das gelingt nur über eine klinische Untersuchung von Kopf bis Fuß. Es kommen Zusatz-Untersuchungen hinzu, wenn die Kinder sehr viel brechen, um einen gastro-ösophagealen Reflux auszuschließen, also um abzuklären, dass die Milch nicht wieder zurück in die Speiseröhre fließt und dadurch Entzündungen hervorruft. Das wird heute mit Ultraschall nachgewiesen. Dazu überweise ich die Kinder zu einer Spezialistin.

Wird bei der Untersuchung auch die neurologische Seite des Kindes berücksichtigt?

Der neurologische Reifegrad des Kindes ist in Bezug auf die Beurteilung der Reaktionsfähigkeit auf seine Umwelt außerordentlich wichtig. Das ist besonders sichtbar bei Kindern mit Frühgeburts-Vorgeschichte, die eher Probleme haben, sich an das Leben draußen anzupassen und die eher zu Unruhe- und Schreizuständen neigen. Wir beobachten das Verhalten des Kindes in verschiedenen Lagen: in der Bauch-, Rücken- und Seitlage. Wir schauen, wie die Bewegungen in ihrem Fluss sind – ob sie zackig sind oder gut aufeinander abgestimmt. Wichtig ist auch, ob sich der Säugling altersgemäß auf Personen oder auf Gegenstände einlässt. Und ob er sich beruhigen lässt: Zeigt er zum Beispiel auf beruhigenden Hautkontakt eine positive Reaktion und im Reflexverhalten einen altersgemäßen Befund? Wenn das alles nicht der Fall ist, dann ist das Reifungsalter des Kindes verzögert und erklärt auch viele seiner unreifen Reaktionen, wie zum Beispiel das vermehrte Schreien. In diesen Fällen erkläre ich den Eltern – vor allem der Mutter –, wie wichtig es ist, nach Möglichkeiten zu suchen, dass sie sich ausruhen kann, um mit dem Schreiproblem besser fertig zu werden.

Sind Eltern in Not in der Lage, sich genügend soziale Unterstützung zu holen?

Es gibt Mütter und Väter, die das sehr schnell können und die in diesen Fällen tatsächlich auf Verstärkung durch die Familie oder den Freundeskreis zurückgreifen können. Schwierig ist das, wenn Mütter neu in der Stadt sind und noch wenig sozialen Kontakt haben. Die Schwierigkeit kommt natürlich auch durch ein gewisses Schamgefühl zustande: *„Ich werde mit meinem Säugling nicht allein fertig und muss jemandem erzählen, dass ich Hilfe brauche."* Diesen Schritt wagen leider wenige Mütter. Die meisten bleiben allein und werden sehr schnell hilflos. Deshalb ermuntere ich alle Mütter, dass sie mit ihren ehemaligen Bekannten aus dem Schwangerschafts-Kursus oder mit Frauen aus der Stillgruppe möglichst viel Kontakt aufnehmen um zu hören, dass es den anderen gar nicht so sehr anders geht. Allein schon der Austausch kann entlastend sein.

Wie erklären Sie den Eltern, woran es liegen könnte, dass ihr Kind so viel schreit?

Ich arbeite hier mit einem speziellen Erklärungsmodell, in dem ich die Gesamtsituation des Babys darstelle: seine bisherige Lebens-Situation und das neue Leben, in das es hineingeboren wurde. So beschreibe ich den Verlust des „Paradieses" im Mutterleib, der für das Kind durch das Durchschneiden der Nabelschnur eingetreten ist. Paradies deshalb, weil das Kind im Mutterleib noch keine Gegensätze erleben musste: Alles war nahezu ideal ausbalanciert. Heute muss es schreien, wenn es Hunger hat, das bedeutet: Es muss nicht nur den Hunger erleben, sondern auch mitteilen *„Ich habe Hunger"* – und hoffen, dass jemand entsprechend reagiert. So geht das auf allen Gebieten. Das Kind muss jetzt auch sehr viel lernen. Denn es erlebt ja unglaubliche Veränderungen durch seine schnelle Weiterentwicklung im sensorischen und im Bewegungs-Bereich. Denken Sie nur daran, mit welcher Schnelligkeit sich jetzt die Sehfähigkeit entwickelt, wie es plötzlich Geräusche einzustufen lernt, wie es Haut- und Tiefensinn einordnen muss und auch spürt, wie es in einem Verhältnis zu seiner Umgebung steht. Das sind unglaubliche Entwicklungs-Leistungen, die ein Kind innerhalb von vier, fünf Monaten vollziehen muss und die natürlich auch zu Überforderungs-Situationen führen können. Hier braucht das Kind auch viel Hilfe, weil es noch über zu wenig Selbstregulation verfügt. Es kann noch nicht alles selbst im Griff haben. Typisch ist, dass das Kind, sobald es in eine ruhige Erwachsenen-Hand kommt, oft von selbst aufhört zu schreien und sich dem Erwachsenen und seiner Stabilisation anvertraut. So kann es nach einiger Zeit tatsächlich wieder ins Lot kommen.

Sie haben jetzt sehr anschaulich die Kinder-Seite beschrieben. Wie sieht das alles denn auf der Eltern-Seite aus?

Wenn die Eltern unsicher sind, werden sie ängstlich und strahlen natürlich keine Ruhe aus. In diesen Fällen ist das Kind sich selbst überlassen. Je häufiger das passiert, um so größer ist die Gefahr, dass das Kind entgleist und das Schreien dann über die gesamte Nacht und dann wieder auf den gesamten Tag übergeht, was die Eltern natürlich noch mehr überfordert. Und dann bekommt das Kind noch weniger von dem, was es eigentlich braucht. Typisch ist, dass das Kind dann am Tag weniger schläft, weil es immer mehr schreit. Es kommt dann nicht mehr zur Ruhe, und ein echtes Schlafdefizit entsteht. Das Gleiche gilt natürlich auch für die Eltern – und dann haben wir eine Abwärts-Spirale, aus der man nur mit Anstrengung herauskommen kann.

Gibt es Eltern, die Angst haben, ihr Kind zu sehr zu verwöhnen?

Diese Angst nimmt erfreulicherweise ab. Früher habe ich häufig gehört: *„Ich habe Angst, mein Kind zu sehr zu verwöhnen."* Die Aufklärungs-Arbeit der letzten Jahre hat hier viel Gutes getan. Die meisten Eltern haben inzwischen erkannt, dass Liebe und Zuwendung das Wichtigste für ihr Kind sind – und dass keine Gefahr besteht, es zu sehr zu verwöhnen.

Wie stark ist der Einfluss der Großeltern-Generation in diesem Zusammenhang?

Der Einfluss ist natürlich unterschiedlich. Aber die Kommentare von Großeltern, Verwandten und Freunden spielen eine große Rolle. Die größte Schwierigkeit für die Eltern ist die, dass es ungeheuer viele verschiedene Meinungen zu diesem Thema gibt. Das hat die verhängnisvolle Folge, dass der Säugling oft mit einem Überangebot verschiedener Beruhigungs-Maßnahmen überschüttet wird. Obwohl er eigentlich gerade jetzt eine klare, rhythmische und sich eindeutig wiederholende Aussage seiner Eltern braucht. Stattdessen arbeiten die Eltern hier nach dem Prinzip: *„Wenn das nicht klappt, klappt vielleicht etwas anderes."* Sie bewirken damit aber eine große Verwirrung bei ihrem Kind.

Ist allein schon die Tatsache, ein erstes Kind zu haben, für die Eltern beunruhigend? Oder fangen die Unsicherheiten erst dann an, wenn dieses Kind intensiv anfängt zu schreien?

Das ist oft schwierig auseinander zu halten und hängt natürlich auch davon ab, mit welcher eigenen Vorgeschichte die Eltern an ein Baby herangehen. Eltern mit ersten Kindern haben prinzipiell mehr Schwierigkeiten, weil sie ja mit diesem Kind ihre ersten Lernschritte als Eltern machen. Häufig haben Eltern, die selbst keine Erfahrungen als ältere Geschwister haben – für die Babys also ein unbekanntes Terrain sind – größere Schwierigkeiten mit ihrem ersten Kind.

Welche Maßnahmen empfehlen Sie den Eltern, um das Schreien zu vermindern?

Ein großer Schritt ist schon getan, wenn die Eltern begreifen, dass es sich nicht um eine Störung handelt, sondern um eine vorübergehende Situation, die viele Eltern betrifft. Allein diese Tatsache lässt sie mehr Zutrauen zu sich selbst fassen und diese Zeit als eine Zeit nehmen, in der ihr Kind von ihnen besonders viel Sicherheit und Beruhigung braucht. So können sie sich diese Zeit besser einrichten. Sie wissen zum Beispiel, dass ihr Säugling eben um halb sechs anfängt zu schreien und dann herumgetragen werden muss, dass dann der Papa kommt und das Kind übernimmt und die nächste Schicht wieder von der Mama übernommen wird. So sind Erholungs-Pausen für jeden drin. Das Schreien ist zwar nicht weg. Aber die Eltern können es besser managen.

Geben Sie auch konkrete Hinweise, wie Kinder beruhigt werden können?

Wichtig ist, dass die Eltern zulassen, dass sich bei ihrem Baby ein Tagesrhythmus entwickelt. Sie müssen erkennen lernen, wann das Baby welche Hilfe, Unterstützung oder Aktivität braucht. Dann holt sich der Säugling in immer regelmäßigeren und eingrenzbareren Zeiten die Mahlzeiten, den nötigen Schlaf und das aktive Wachsein mit und ohne Elternkontakt. Für die einzelnen Phasen kann man Rituale entwickeln, wie etwa das Einschlaflied, Abdunkeln oder vertraute Räumlichkeiten.

Ich biete auch äußere Hilfsmaßnahmen an. So finde ich zum Beispiel, dass in dieser Zeit ein Schnuller nicht schadet, weil er eine gute Möglichkeit für das Kind ist, sich selbst etwas zu beruhigen. Für sehr wichtig halte ich auch das Tragetuch, damit das Kind am Körper der Mutter oder des Vaters durch die verschiedenen rhythmischen Bewegungen beim Laufen beruhigt werden kann. Wichtig ist auch der Hinweis, dass Väter und Mütter trotz Ängsten vor der nächsten Schreiattacke ein quäkendes oder unruhiges Kind nicht immer hochnehmen müssen, sondern lernen, wann der Punkt gekommen ist, an dem ihr Kind sich eben nicht allein beruhigen kann. Sonst nimmt man dem Kind auch die Chance, es selbst zu schaffen.
Es ist wichtig, dass Säuglinge akustisch an ihrer Umwelt beteiligt sind und nicht irgendwo allein abgelegt werden. Hier ist die Beratung von außen aber relativ schwierig, weil das Kontaktbedürfnis von Kind und Eltern manchmal voneinander abweicht. Aber auch das lässt sich regeln. Hier haben sich Stillkissen bewährt, die sehr körpernah am Säugling angebracht werden, damit er sich gut eingebettet fühlt. Säuglinge empfinden es als sehr angenehm, wenn gedämpftes Licht herrscht – also der Raum, in dem sie schlafen sollen, im Halbdunkeln liegt – und trotzdem etwas von den Geräuschen der Familie zu ihnen dringt. Für die meisten Säuglinge ist es ausgesprochen wichtig, eine akustische, unterbewusste Begleitung durch die Umwelt zu haben.

Jede Familie scheint ihre eigene Form der Nähe finden zu müssen.
Das ist sehr wichtig. Die meisten Mütter wissen genau, was sie wollen und was sie nicht wollen, was sie können und was sie nicht können, wo ihre Ängste und unangenehmen Gefühle beginnen. Aber darüber müssen sie sich erstmal selbst klar werden. Dabei versuche ich, ihnen zu helfen. Ich rate ihnen, sich so zu verhalten, wie es ihrem Empfinden entspricht. Das ist echt – und das spürt auch das Baby. Zum Beispiel hat es überhaupt keinen Sinn, wenn eine Mutter ihr Baby dauernd mit sich herumträgt – nur weil sie mal gehört hat, dass das eine gute Methode sei. Wenn ihr selbst diese ständige körperliche Nähe zu viel wird, soll sie es lieber sein lassen. Denn ihr Baby spürt auch ganz schnell, wenn seine Mutter Dinge tut, die sie eigentlich gar nicht will.

Empfehlen Sie in der Schreiphase Medikamente?

Grundsätzlich nicht. Die Mütter meinen oft, es handele sich um Blähungen. Dann gebe ich pflanzliche Mittel, die entblähen, zum Beispiel Fenchel oder Kümmel. Das schadet dem Säugling nicht, beruhigt aber die Eltern.

Gibt es Situationen, in denen Sie empfehlen, auf Kuhmilch zu verzichten?

Ja, wenn die Familie bereits eine hohe Allergie-Vorgeschichte hat und wenn die Mutter sehr viel Kuhmilch trinkt. Der Verzicht auf Kuhmilch ist dann ein Versuch, den ich mache, der aber nur bei einem ganz kleinen Prozentsatz das Schreiproblem löst. Bei Flaschenbabys mit hoher Allergie-Belastung empfehle ich hypoallergene Nahrung, die vom Körper nicht als Fremdeiweiß erkannt wird.

Wie erfolgreich schätzen Sie Stillen und Körperkontakt als Einschlaf-Hilfe ein?

Ich bin eher zurückhaltend mit der Empfehlung, das Stillen und sich selbst als Einschlaf-Hilfen anzubieten, weil das Kind bereits nach wenigen Monaten lernt: *„Ohne das Stillen oder den Körper der Mama geht das nicht. Ich kann nur einschlafen, wenn beides vorhanden ist.“* Der Körperkontakt in einer schwächeren Form ist selbstverständlich in Ordnung, zum Beispiel das Köpfchen zu streicheln, beruhigende Worte zu sagen, ein Lied zu singen, ein Gedicht aufzusagen oder einfach etwas zu erzählen.

Was ist für Mütter noch wichtig, damit das Schreien nicht zu sehr belastet?

Ich halte es für wichtig, dass die Mutter lernt, wie lange sie ihr Kind schreien lassen kann. Die Mutter muss ein Gefühl dafür bekommen, weshalb ihr Kind im Moment schreit: Ob es ein hilfloses Schreien ist, oder ob es ein Schreien ist, das auch mal kurz einen Zwischenraum zwischen den beiden herstellen darf. Ich beobachte immer wieder Mütter, die ein Gefühl dafür bekommen, wann sie schnell zum Kind gehen müssen und wann sie es tatsächlich mal einige Zeit schreien lassen können und dann feststellen, dass es von sich aus in den Schlaf findet oder auch plötzlich wach und munter ist, ohne zu schreien.

Wissen Sie, in wie weit die Eltern diese Vorschläge umsetzen?
Ich bekomme immer Rückmeldung, da ich kein Elternpaar entlasse, ohne auf ihre individuelle Lage abgestimmte, weitere Termine oder Möglichkeiten telefonischer Rückrufe zu geben. Bei sehr verunsicherten Eltern kann das über ein oder zwei Wochen durchaus täglich sein. Die Eltern wissen auch, dass sie, sobald sie das Gefühl haben, die Situation nicht mehr ertragen zu können, anrufen können.

Wie lange dauert eine Beratung zum Thema Schreien?
Etwa drei Viertel der Mütter und Väter mit normalen Schreikindern brauchen zwei bis drei Kontakte, um mit dieser Sache fertig zu werden und die Regulation selbst in die Hand zu nehmen. Sie sagen mir dann bei den Vorsorge-Untersuchungen: *„Jetzt ist es besser geworden“* oder aber: *„Es ist gleich geblieben, aber wir kommen mit der Sache gut zurecht“*. Bei dem restlichen Viertel wird die Sache meist schwieriger. Dann kann eine Betreuung bei stärker schreienden Kindern sogar bis zu drei, vier Monate lang dauern. Die Kontakt-Abstände versuche ich immer nach der Bedürfnislage festzulegen – auch um feststellen zu können, wann die Familie die Situation selbst zu tragen beginnt. Exzessive Schreikinder mit einer völlig zusammenbrechenden Familien-Situation, in der keiner mehr zurecht kommt, sind höchstens drei oder vier Prozent der Schreikinder.

Wie sieht die Betreuung dieser Familien in Not aus?
Bei diesen Kindern ist es meist so, dass die Familie erst relativ spät kommt und ein schwieriges Umfeld hat, das die Familie bereits außerordentlich geschwächt hat. Hier nehme ich primär eine stationäre Einweisung vor, damit eine gewisse Ruhe einkehren kann und auch die klinische Situation ganz klar abgeklärt wird. Danach folgen eine Betreuung durch eine Schreiambulanz oder intensive Gespräche in Kurzabständen in meiner Praxis.

Erfahren Sie von allen Schreibabys unter Ihren Patienten?
Ich gehe davon aus, dass nicht jede Mutter das Schreien von sich aus anspricht, auch wenn sie darunter leidet. Das hohe Schamgefühl der Mutter und die Angst, keine gute Mutter zu sein, hindert sie daran, über ihre Not zu sprechen und sich Hilfe zu holen. Ich erkenne es oft an Sätzen wie: *„Es läuft nicht so gut, wie ich es mir vorgestellt habe."* Ich habe mir angewöhnt, hier grundsätzlich nachzufragen und auch ganz speziell das Schreien anzusprechen. Ich halte es für sehr wichtig, als Arzt diesen Schritt zu tun, so lange die Schwellenangst der Mutter, es von sich aus zu sagen, noch zu hoch ist, die Familie aber bereits eine Entlastung braucht. Die Kinderärzte sollten sich den Eltern für dieses Problem anbieten.

Was halten Sie von der häufig gehörten Empfehlung: „Abwarten und Tee trinken, bis die drei Monate vorbei sind"?
Das ist mir zu wenig. Ich betrachte die Aufklärung der Eltern über das Schreien als eine Selbstverständlichkeit. Nicht nur um das exzessive Schreien zu verhindern, sondern auch, damit die Eltern nicht in eine Hilflosigkeit hineingeraten und diese Störung auf sich selbst beziehen, statt sie als eine Entwicklungs-Phase des Säuglings zu sehen, die man gemeinsam als erste, schwierige Phase überstehen muss. Es ist eben nichts Krankhaftes, sondern ein anstrengender Entwicklungs-Abschnitt, den man bewältigen kann.

Es gibt also gute Gründe, das Thema schon früh anzusprechen.
So ist es. Es ist ganz wichtig, auf die Normalität und Eigenheit einer solchen Phase beim Säugling aufmerksam zu machen. Dann lernen die Eltern rechtzeitig, auch mit schwierigen Dingen umzugehen. So können Ängste und Verunsicherungen vermieden werden, die sonst die Beziehung belasten und sich durch die ganze Kindheit ziehen würden.

Was wünschen Sie sich für die Zukunft an Verbesserungen, die Eltern mit Schreibabys zugute kommen?

Das Entscheidende ist: Das Wissen muss sich verbreiten – Scham und Schuldgefühle dürfen erst gar nicht auftreten. Wer weiß, dass es sich hier um eine ganz normale Physiologie der Entwicklung handelt, kann damit umgehen. Nur: Man muss es wissen. Das Thema müsste bereits in Mütter-Schulen und Eltern-Schulungen im vorgeburtlichen Bereich behandelt werden. Das wird durch den Austausch unter den Müttern erleichtert. Es sollte aber auch in den Wissenskatalog der Berufsgruppen kommen, die mit Mutter und Kind zu tun haben. Ich spreche hier von Hebammen, die Vorbereitungs-Kurse und Nachbetreuung anbieten. Ich spreche aber auch von der Ausbildung der Kinderärzte oder der Allgemeinärzte.

Haben Sie den Eindruck, dass sich in Bezug auf das Schreien in den letzten zehn bis fünfzehn Jahren etwas geändert hat?

In Bezug auf die erste Schrei- und Unruhephase selbst hat sich wahrscheinlich nur wenig verändert. Was sich aber sehr wohl verändert hat, ist die emotionale Einstellung der Eltern zum Kind. Sie erleben ihre Beziehung zum Baby bewusster. Sie spüren ihre Eltern-Rolle intensiver und sind stärker motiviert, ihr Baby zu verstehen. Es wird mehr reflektiert, es wird offener gefühlt. Und ich denke, auch das vermehrte Wissen über die Entwicklung von Kindern und die neue Stellung des Kindes in unserer Gesellschaft spielen eine große Rolle: Die Tatsache, dass es insgesamt zwar weniger Kinder sind, diese aber sehr oft auch als Wunschkinder geplant waren.

Das ist eine erfreuliche Entwicklung.

Dr. Hövels gehört zu einem interdisziplinären Team, das in Lörrach eine Babysprechstunde für Schrei-, Schlaf- und Fütterungs-Störungen im Säuglings- und Kleinkindalter anbietet (siehe Info-Magazin).

Kapitel 5: Das Wichtigste in Kürze

- Kinderärzte, die die frühe Schreiproblematik behandeln, klären nicht nur organische Ursachen beim Kind ab, sondern führen auch wichtige Gespräche mit den betroffenen Eltern.
- Der Arzt nimmt der Mutter die Angst, das Kind nicht richtig ernähren zu können. Er gibt Hilfestellung, um die soziale Unterstützung der Mütter zu verbessern. Und er versucht zu erklären, warum das Kind so viel schreit.
- Das Schreien wird nicht als Störung behandelt, sondern als eine vorübergehende Entwicklungsphase, die viele Kinder betrifft.
- Das richtige Management des schreienden Kindes wird genauso besprochen wie konkrete Beruhigungsmaßnahmen. Das alles verringert die Unsicherheit der Eltern und macht es ihnen möglich, zu einem selbstbewussteren Umgang mit ihrem Baby zurückzufinden.

6
Info-Magazin

- **Anlaufstellen für Familien mit Schreibaby**
- **Literatur-Hinweise**
- **Glossar**

Anlaufstellen für Familien mit Schreibaby

Die folgende Liste ist nach Postleitzahlen geordnet. Sie enthält Beratungsadressen für Familien im deutschsprachigen Raum, die ein Kind mit Schreiproblem haben.

Für den akuten Notfall:

Wenn Sie hoffnungslos gestresst sind und nicht mehr ein noch aus wissen, dann kann Ihnen die **Telefon-Seelsorge** sicher psychische Erste Hilfe bieten. Sie ist **rund um die Uhr gebührenfrei** zu erreichen – bundesweit unter den Telefonnummern **0800 / 111 0 111** oder **0800 / 111 0 222**.

0....

Lebenswandel
Institut für prä- und perinatale Körperarbeit
Claudia Köhler
Mönchsholz 12 · 01324 Dresden
Tel. u. Fax 03 51 / 2 64 13 49
E-Mail: cldkoehler@compuserve.de

Stillpraxis Elisabeth Kurth
Still- und Laktationsberaterin
Augustusweg 46 · 01445 Radebeul
Tel. 03 51 / 8 30 34 78
E-Mail: kurth@stillpraxis.de
Homepage: www.stillpraxis.de
Schreisprechstunde
Poliklinik für Kinder und Jugendliche der Universität Leipzig
Oststr. 21-25 · 04317 Leipzig
Tel. 03 41 / 9 72 62 42
Ansprechpartner: Dr. Peter Hiermann

IRIS Regenbogenzentrum
Für Eltern, deren Babys Schlafstörungen, Still-, Eß- und Schreiprobleme haben
Schleiermacherstr. 39 · 06114 Halle
Tel. 03 45 / 5 21 12 32 · Fax 03 45 / 5 21 12 33
Ansprechpartnerinnen: Frau Korger, Frau Gailer

1....

Beratungsstelle für Eltern mit Babys
Charité Frauenklinik
Psychosomat. Abt. Gynäkologie / Geburtshilfe
Mittelallee 10 · 13353 Berlin
Tel. 0 30 / 4 50 51 01
Ansprechpartnerin: Frau Prof. Dr. Bergmann

Diagnose- und Beratungszentrum
Max-Bürger-Krankenhaus
Platanenallee 23-25 · 14050 Berlin
Tel. 0 30 / 3 00 62-6 09 bzw. -6 00 oder -9 00 · Fax 0 30 / 3 00 62-7 65

Elternberatung „Vom Säugling zum Kleinkind"
an der Fachhochschule Potsdam
Friedrich-Ebert-Str. 4 · 14467 Potsdam
Tel. 03 31 / 2 70 05 74 bzw. 5 80 24 50 · Fax 03 31 / 5 80 24 59
E-Mail: elternbe@fh-potsdam.de
Homepage: www.fh-potsdam.de/~ISSE/schrei.htm
Ansprechpartnerinnen:
Dipl.-Psych. Gabriele Koch, Dipl.-Päd. Lena Schneider

Dr. Hartwig
Kinderarzt
Karl-Marx-Str. 80 · 12043 Berlin-Neukölln
Tel. 0 30 / 6 23 84 85

Dipl.-Sozialpäd. Paula Diederichs
Körpertherapeutin und Heilpraktikerin
Tel. 0 30 / 43 66 90 44
Homepage: www.schreibabyambulanz.info

Nachbarschafts-Schreiambulanz Fabrik Osloer Str. e. V.
Osloer Straße 12 · 13359 Berlin
Tel. 0 30 / 4 93 90 42

Nachbarschafts- und Selbsthilfezentrum in der ufafabrik e.V.
Viktoriastraße 13 · 12105 Berlin
Tel. 0 30 / 75 50 31 46

Frei-Zeit-Haus e.V. Berlin-Weißensee
Nachbarschaftshaus und Selbsthilfetreff
Pistoriusstr. 23 · 13086 Berlin
Tel. 0 30 / 92 79 94 63
Ansprechpartnerin: Karin Philipp (Tel. direkt 0 30 / 4 04 53 33)

Nachbarschaftsheim MITTELHOF e.V.
Königstr. 42-43 · 14163 Berlin
Tel. 0 30 / 80 19 75 16
Ansprechpartner: Gerd Poerschke (Tel. direkt 03 32 / 03 2 20 11)

Stadtteilzentrum
Lausitzer Str. 8 · 10999 Berlin
Tel. 0 30 / 6 12 66 66

Psychologisch-psychotherapeutische Ambulanz
Poliklinische Ambulanz des Psychologischen Instituts der Universität Potsdam
Dr. Lutz Marschner
Gutenbergstr. 67 · 14467 Potsdam
Tel. 03 31 / 9 77 28 82 Anmeldung); 03 31 / 2 75 50-77 oder -90 (Ambulanz)
Fax 03 31 / 9 77 27 92

2....

Dipl. Soz. Gabriele Isele
Gesprächspsychotherapie
Osterstr. 16 · 20259 Hamburg
Tel. 0 40 / 4 90 53 06
Beratung für Eltern mit schwierigen Säuglingen über die Elternschulen Eimsbüttel, Eidelstedt, Altona und privat.

Dr. Alfred Jahn
Kinderarzt
»Runder Tisch St. Pauli«
Hein-Köllisch-Platz 1 · 20359 Hamburg
Tel. 0 40 / 31 13 10

Menschenskind!
Beratungsstelle für Eltern mit Säuglingen und Kleinkindern
Elsässer Str. 27a · 22049 Hamburg
Tel. 0 40 / 68 82 20
Ansprechpartnerin: Dipl.-Psych. Renate Barth

Margarita Klein
Kreisel e.V. für das Leben mit Kindern
Bugdahnstr. 5 · 22767 Hamburg
Tel. 0 40 / 38 55 83 und 0 40 / 8 99 38 58
E-Mail: margaritaklein@aol.com

Arbeitskreis Netzwerk
Prävention für junge Familien
Stadt Oldenburg, Gesundheitsamt, Gesundheitsbüro
Rummelweg 18 · 26122 Oldenburg
Tel. 04 41 / 2 35 86 30 · Fax 04 41 / 2 35 86 20
Ansprechpartnerin: Gudrun Sahlender-Wulf
Tel. 04 41 / 50 35 57 · Fax 04 41 / 5 09 91 82

Stillgruppe Scheeßel
27383 Scheeßel
Rita Niehoff, Tel. 0 42 63 / 80 29
Gitta Ihben, Tel. 0 42 63 / 12 29
Barbara Hoffmann, Tel. 0 42 67 / 17 52

Dr. Wolfgang Trescher
Zum Kreuzkamp 14 · 27404 Heeslingen
Tel. 0 42 81 / 85 11

Krisen-Ambulanz für Schreibabys
Institut für Reichianische Körpertherapie
Thomas Harms, Psychologe
Parkstr. 50 · 28209 Bremen
Tel. 04 21 / 3 49 12 36 · Fax 04 21 / 6 09 46
Homepage: www.reich-in-bremen.de

Inge Beyersmann
Frühberatungsstelle im Haus der Familie Bremen
Hinter den Ellern 13 · 28309 Bremen
Tel. 04 21 / 36 11 95 17

Körperklang
Diplompsychologin Claudia Lange
Römerstr. 10 · 28203 Bremen
Tel. 04 21 / 7 90 98 11
E-Mail: claudia@koerperklang.de
Homepage: www.koerperklang.de

Erziehungsberatungsstelle Landkreis Celle
Dr. Gisela Lösche, Leiterin
Denickestr. 110 b · 29225 Celle
Tel. 0 51 41 / 4 20 63

3....

Hannover:
Verein Schreibaby & Co.
Erreichbar über die angeschlossenen ambulanten Praxen,
u.a. Praxis für analytische Kinder- und Jugendlichen-Psychotherapie
Andrea Kock
Tel. 05 11 / 3 36 54 25 · Fax 05 11 / 3 36 54 26

Kontaktstelle für Eltern mit Kleinkindern (KEKK)
(Träger: Kinderschutzbund)
Niedernstr. 40 · 31655 Stadthagen
Tel. 0 57 21 / 7 24 74

Dr. med. Dorothee Messer-Besmens
Ärztin für Kinder- u. Jugendpsychiatrie
Teichweg 1 · 37085 Göttingen
Tel. 05 51 / 4 40 03 (Mo-Fr von 9-12 Uhr)

Kassel:
Dr. Gisela Wiegand
Tel. 05 61 / 3 16 10 53 · Fax 05 61 / 3 16 10 53

4....

Praxis Baby & Co.
Dipl.-Päd. Maja Golak
Alte Landstr. 34 · 40489 Düsseldorf-Kaiserswerth
Tel. 0 21 02 / 70 92 55
Fax 0 21 02 / 70 92 54

Mütterzentrum Dortmund
Anne Gockel-Werner
Hospitalstr. 6 · 44149 Dortmund
Tel. 02 31 / 4 77 07 78 (Di.-Fr. 8.30-12.30)

Ärztliche Beratungsstelle
gegen Vernachlässigung und Misshandlung von Kindern
Kreuzstr. 24 · 44139 Dortmund
Tel. 02 31 / 1 30 09 81 · Fax 02 31 / 10 34 64
Ansprechpartnerin: Dipl. Päd. Martina Furlan

St.-Vincent-Hospital
Frau Dr. Gervers
Dr.-Otto-Seidel-Str. 31-33 · 46535 Dinslaken
Tel. 0 20 64 / 44 14 02 · Fax 0 20 64 / 44 14 40

Dr. Ulrich Raupp
Marienhospital
Sozialpädiatrisches Zentrum
46483 Wesel
Tel. 02 81 / 1 04-16 70 · Fax 02 81 / 1 04 16 78

Familientagesklinik und Poliklinik für Säuglinge,
Klein- u. Vorschulkinder von 0 bis 7 Jahren
Schmeddingstr. 50 · 48149 Münster
Tel. 02 51 / 8 35-67 01 · Fax 02 51 / 8 35 22 75

Dipl. Psych. Ina Schweingruber
Psychologische Praxis
Forstweg 44 · 49808 Lingen (Ems)
Tel. 05 91 / 6 77 23

5....

Zentrum für Frühbehandlung und Frühförderung e. V.
Maarweg 130 · 50825 Köln
Tel. 02 21 / 95 42 50 42 · Fax 02 21 / 95 42 50 55

Praxis für Krankengymnastik
Sonja Biet
Berrenrather Str. 482b · 50937 Köln
Tel. 02 21 / 4 30 28 91 · Fax 02 21 / 4 30 10 39

Sprechstunde für Schrei-Babys
Dr. Ursula Zerban
Rotweinstr. 55 · 55218 Ingelheim am Rhein
Tel. 0 61 32 / 4 06 75
Fax 0 61 32 / 78 67 40

Dipl.-Psych. Annette Morawietz-Schäfer
Psychologische Praxis für Kinder und Jugendliche
Bahnhofstr. 2 · 55218 Ingelheim
Tel. 0 61 32 / 71 95 95
E-Mail: morawietz-schaefer@kinderpsychotherapie.de
Homepage: www.kinderpsychotherapie.de

Ärztliche Beratungsstelle
Kinderklinik Lüdenscheid
Brigitte Bering-Bette
Hohfuhrstr. 25 · 58509 Lüdenscheid
Tel. 0 23 51 / 46 39 15

6....

Frauen-Gesundheits-Zentrum Neuhofstr. e.V.
Neuhofstr. 32H · 60318 Frankfurt
Tel. 0 69 / 59 17 00 · Fax 0 69 / 59 31 29
Homepage: www.fgzn.de
E-Mail: fgzn@w4w.de

Frühförderstelle der Lebenshilfe Frankfurt
Frau Ruster
Hohenstaufenstr. 8 · 60327 Frankfurt
Tel. 0 69 / 97 58 70 40

Dr. Eva Hédervári-Heller
Eltern-Kleinkind-Beratung
Homburgstr. 18 · 60486 Frankfurt
Tel. 0 69 / 70 79 56 44

Institut für analytische Kinder- und Jugendlichen-Psychotherapie in Hessen e.V.
Wiesenau 27-29 · 60323 Frankfurt
Tel. 0 69 / 72 14 45 · Fax 0 69 / 97 20 25 88
E-Mail: sekretariat@ikjp.de

Elternberatung Oberursel
Hospitalstr. 9 · 61440 Oberursel
Tel. 0 61 71 / 58 53 58 · Fax 0 61 71 / 58 53 59

Dipl. Psych. Dr. Angelika Gregor
Martinstr. 41 · 64285 Darmstadt
Tel. 0 61 51 / 4 59 03

Universitätsklinikum Heidelberg
Abteilung Familientherapie
Dr. C. Thiel-Bonney
Bergheimer Str. 54 · 69115 Heidelberg
Tel. 0 62 21 / 56 47 12 und 56 47 01 · Fax 0 62 21 / 56 47 02
E-Mail: Consolata_Thiel-Bonney@med.uni-heidelberg.de

7....

Olgahospital
Sozialpädiatrisches Zentrum
Dr. C. Schweitzer
Bismarckstr. 8 · 70176 Stuttgart
Tel. 07 11 / 9 92 24 21 · Fax 07 11 / 9 92 24 29

Hebammenpraxis Stuttgart-Mitte
Sabine König
Gaisburgstr. 12c · 70182 Stuttgart
Tel. 07 11 / 60 57 51 (Hebammenpraxis)
Tel. 07 11 / 8 89 33 96 (Sabine König)
Homepage: www.hebammenpraxis-stuttgart.de

Psychotherapeutische Babyambulanz Stuttgart
an der „Stuttgarter Akademie für tiefenpsychologische und analytische Psychotherapie“ e.V.
Hohenzollernstr. 26 · 70178 Stuttgart
Tel. 07 11 / 6 48 52 23

Pro Familia
Ingrid Löbner
Hechingerstr. 8 · 72072 Tübingen
Tel. 0 70 71 / 3 41 51 · Fax 0 70 71 / 36 09 54

Joachim Lichtenberg
Praxis für Somatische Psychotherapie
Hechinger Str. 64 · 72072 Tübingen
Tel. 0 70 71 / 5 26 08 · Fax 0 70 71 / 97 59 51
E-Mail: j.lichtenberg@supra-net.net

Regina Sander
Schreibabysprechstunde
Rathausstr. 33 · 74321 Bietigheim-Bissingen
Tel. 0 71 42 / 22 14 17 · Fax 0 71 42 / 22 14 25
E-Mail: info@schreibaby.de
Homepage: www.schreibaby.de

Klinik für Kinderneurologie und Sozialpädiatrie
Kinderzentrum Maulbronn
Frau Kunde-Trammer
Knittlinger Steige 21 · 75433 Maulbronn
Tel. 0 70 43 / 1 61 60

Babyambulanz
Psychoanalytisches Seminar Freiburg
Schwaighofstr. 6 · 79100 Freiburg
Tel. 07 61 / 7 72 21

Institut für Psychoanalyse und Psychotherapie Freiburg
Kaiser-Joseph-Str. 239 · 79098 Freiburg
Tel. 07 61 / 3 69 33

Sozialpädiatrisches Zentrum der Klinik für Kinder- und Jugendmedizin
Dr. Christoph Hövels
Spitalstr. 25 · 79539 Lörrach
Tel. 0 76 21 / 4 16 83 49

8....

Musiktherapie für Schreibabys
Gisela M. Lenz
Goethestr. 54/RGB · 80336 München
Tel. 0 89 / 54 40 41 88

Dr. von Haunersches Kinderspital
Ludwig-Maximilians-Universität München
Dr. Karl Heinz Brisch
Pettenkofer Str. 8a · 80336 München
Tel. 0 89 / 51 60 39 54

Münchner Sprechstunde für Schreibabys
Kinderzentrum München
Heiglhofstr. 63 · 81377 München
Tel. 0 89 / 7 10 09-3 30 · Fax 0 89 / 7 10 09-3 69
Ansprechpartnerin: Beatrice Cosmovici

Poliklinik für Kinder- und Jugendpsychotherapie
Klinikum Rechts der Isar · Technische Universität München
Werner Hüttl
Biedersteiner Str. 29 · 80802 München
Tel. 0 89 / 41 40 33 41 · Fax 0 89 / 41 40 33 39
E-Mail: kijupsy@rz.med.tu-muenchen.de
Homepage: www.kijupsy.med.tu-muenchen.de

Maria-Brigitte Struve
PEKIP, Tragetuch, Beratung
Kärntner Weg 6 · 83024 Rosenheim
Tel. 0 80 31 / 28 90 36

Praxis für Früherziehung und Frauengesundheit
Ursula Böheim
84030 Ergolding · Tel. 08 71 / 1 43 14 73
E-Mail: ursula@boeheim.de

Vera Eder
Babymassage, Rückbildung, Beratung
Angerweg 31 · 86938 Schondorf
Tel. 0 81 92 / 12 87

9....

Beratungsstelle für Kinder, Jugendliche und Eltern
Schloßberg 2 · 96215 Lichtenfels
Tel. 0 95 71 / 93 91 90 · Fax 0 95 71 / 93 91 75

Bundeskonferenz für Erziehungsberatung
Herrnstr. 53 · 90763 Fürth
Tel. 09 11 / 97 71 40 · Fax 09 11 / 74 54 97

Praxis für Ergotherapie, Babys und Kleinkinder mit Entwicklungsproblemen, Schlaf-, Schrei- und Ess-Störungen
Steffania Nürnberger
Sonnenstr. 21 · 97072 Würzburg
Tel, Fax 09 31 / 88 75 92

Prof. H. M. Straßburg
Frühdiagnosezentrum
Josef-Schneider-Str. 2 · 97080 Würzburg
Tel. 09 31 / 2 01-2 77 09 · Fax 09 31 / 2 01-2 78 58
Homepage: www.fruehdiagnosezentrum.de

Psychologische Praxis für Mutter und Kind
Dipl.-Psych. Karin Lenz
Domweg 8 · 97084 Würzburg
Tel. 09 31 / 61 31 75

Österreich

Abteilung für Kinder- und Jugendheilkunde, Kinderklinik Glanzing, Wilhelminenspital
Dr. Josephine Schwarz-Gerö, Dr. Christine Rankl
Pavillon 5 · Montleartstr. 37
A-1160 Wien
Tel. 01 / 4 91 50 29 21 · Fax 01 / 4 91 50 29 09

Schreiambulanz Krankenhaus Mödling
Leitung Prim. Dr. Hauser
Restituta Gasse 12 · A-2340 Mödling
Tel. 0 22 36 / 2 04-4 29
Dr. Sabine Fiala-Preinsberger, DSP Edith Huebner, Tel. 0 22 36 / 2 04-4 01
E-Mail: kinder@lkh-moedling.noe.gv.at

Landeskrankenhaus Salzburg
Kinderspital
Müllner Hauptstr. 48 ·
A-5020 Salzburg
OA Dr. L. Thun-Hohenstein
Tel. 06 62 / 44 82-47 26 oder -26 40 · Fax 06 62 / 44 82-26 94
Mutter-Kind-Station & Ambulanz für Schrei- und Gedeihstörungen
Mag. Christa Wienerroither
Tel. 06 62 / 44 82-26 44 · E-Mail: c.wienerroither@lks.at
Neonatalogie, Kinderabteilung
Dr. Patrick Chagnaud
E-Mail: pece@eunet.at

Ornella Garbani Ballnik
Psychotherapeutische Praxis
Griesgasse 7 · A-5020 Salzburg
Tel. und Fax 06 62 / 84 55 20

Universitätsklinik für Kinder- und Jugendheilkunde
Prof. Dr. Marguerite Dunitz-Scheer
Auenbruggerplatz 30 · A-8036 Graz
Tel. 03 16 / 3 85 26 79 · Fax 03 16 / 3 85 37 54
E-Mail: marguerite.dunitz@klinikum-graz.at
E-Mail: peter.scheer@klinikum-graz.at
Privatordination:
Kerschhoferweg 14 · A-8010 Graz
Tel. u. Fax: 03 16 / 32 15 68

Landeskrankenhaus Klagenfurt
St. Veiter Str. 47
A-9020 Klagenfurt · Abt. f. Kinder- und Jugendheilkunde
Univ. Prof. Dr. Wilhelm Kaulfersch
Tel. 04 63 / 5 38-2 40 00
E-Mail: willy.kaulfersch@lkh-klu.at
Abt. f. Kinder- und Jugendneuropsychiatrie
Prof. Dr. Georg Spiel, Augustine Gasser
Tel. 04 63 / 5 38-25 16
E-Mail: kijneuropsych@lkh-klu.at

Schweiz

Kinder- und Jugendpsychiatrische Universitäts- und Poliklinik (KJUP)
Prof. Dr. Kai Klitzing
Schaffhauserrheinweg 55 · CH-4058 Basel
Tel. 0 61 / 6 85 21 21 · Fax 0 61 / 6 85 21 78

Franz Renggli
Nonnenweg 11 · CH-4055 Basel
Tel. 0 61 / 2 71 62 32
Psychoanalytiker und Körperpsychotherapeut,
Paar-, Familien- und Gruppentherapeut

Kinder- und Jugendpsychiatrischer Dienst (KJUP)
Dr. med. M. Fry
Rätusstr. 7 · CH-7000 Chur
Tel. 0 81 / 2 52 90 23 · Fax 0 81 / 2 52 95 01

Dr. med. Fernanda Pedrina
Kinder- und Jugendpsychiaterin, Psychoanalytikerin
Limmatstr. 65 · CH-8005 Zürich
Tel. 01 / 2 71 12 70 · Fax 01 / 2 71 12 72

Verein Mütterhilfe
Beratungsstelle Mütterhilfe
Badenerstr. 18 · CH-8004 Zürich
Tel. 01 / 2 41 63 43 · Fax 01 / 2 91 05 12
telefonische Beratung: Mo., Mi., Do., Fr. 9-12 Uhr und Di. 14-17 Uhr

Kinderspital Zürich
Abt. Wachstum und Entwicklung
Prof. Dr. med. Remo Largo
Steinwiesstr. 75 · CH-8032 Zürich
Tel. 01 / 2 66 77 51 · Fax 01 / 2 66 71 71

„Mobile" Beratungs- und Kontaktstelle für Eltern mit Kleinkindern
Rosenbergstr. 82 · CH-9000 St. Gallen
Tel. 0 71 / 2 27 11-71 · Fax 0 71 / 2 27 11-74
Ansprechpartnerin: Frau Blattner

Literatur-Hinweise

Quellen

Daten aus der Freiburger Säuglingsstudie. Forschungsgruppe Verhaltensbiologie des Menschen, Kandern. In: BENSEL, J. (2003) Frühe Säuglingsunruhe – Einfluss westlicher Betreuungspraktiken und Effekte auf Aktivitätsmuster und biologischen Rhythmus. Berlin, VWB

GOPNIK, A., KUHL, P., MELTZOFF, A. (2001) Forschergeist in Windeln. Wie Ihr Kind die Welt begreift. Kreuzlingen, Ariston

ST. JAMES-ROBERTS, I., HALIL, T. (1991) Infant crying patterns in the first year: Normal community and clinical findings. Journal of Child Psychology and Psychiatry 32, S. 951-968

JÜPTNER, H. (1995) Geburtshilflich-gynäkologische Beobachtungen bei den Trobriandern. In: Schiefenhövel, W., Sich, D., Gottschalk-Batschkus, C. E. (Hrsg.): Gebären – Ethnomedizinische Perspektiven und neue Wege. Berlin, VWB. S. 79-82

KERSTING, M., DULON, M. (2002) Fakten zum Stillen in Deutschland. Ergebnisse der SuSe-Studie. Monatsschrift Kinderheilkunde 150 (10), S. 1196-1201

KONNER, M. (1975)
Relations among infants and juveniles in comparative perspective. In: Lewis, M., Rosenblum, L. A. (eds.): The origins of behavior, Vol. 4: Friendship and peer relations. New York, John Wiley & Sons. S. 99-129

KONNER, M. J. (1976) Maternal care, infant behavior and development among the !Kung. In: Lee, R. B., deVore, I. eds.): Kalahari hunter-gatherers studies of the !Kung San and their neighbors. Cambridge, University Press. S. 218-245

MICHELSSON, K., RINNE, A., PAAJANEN, S. (1990) Crying, feeding and sleeping patterns in 1 to 12-month-old infants. Child Care Health and Development 16 2), S. 99-111

VAN DE RIJT-PLOOIJ, H. C., PLOOIJ, F. X. (1993) Distinct periods of mother-infant conflict in normal development: Sources of progress and germs of pathology. Journal of child psychology and psychiatry 34 2), S. 229-245

SARIMSKI, K., PAPOUSEK, M. (2000) Eltern-Kind-Beziehung und die Entwicklung von Regulationsstörungen. In: Petermann, F., Niebank, K., Scheithauer, H. Hrsg.): Risiken in der frühkindlichen Entwicklung. Entwicklungspsychopathologie der ersten Lebensjahre. Göttingen, Hogrefe. S. 199-222

SCHIECHE, M., FINSTERWALD, J., SELIG, M. A., WURMSER, H., PAPOUSEK, M. (2000) Self-regulation, sleep-wake organization, and adrenocortical rhythms in excessively crying infants. Poster Presented at XIIth Biennial International Conference on Infant Studies, Brighton, United Kingdom, 16-19 July

SIEGMUND, R., SCHIEFENHÖVEL, W., TITTEL, M. (1996) Time patterns in infants – activity, rest and mother-child interactions in crosscultural comparison. In: Gottschalk-Batschkus, C. E., Schuler, J. Hrsg.): Ethnomedizinische Perspektiven zur frühen Kindheit. Berlin, VWB. S. 293-299

Literatur zum Weiterlesen

GOPNIK, A., KUHL, P., MELTZOFF, A. (2001) Forschergeist in Windeln. Wie ihr Kind die Welt begreift. Kreuzlingen, Ariston

GOTTSCHALK-BATSCHKUS, C. E., SCHULER, J. (1996) Hrsg.): Ethnomedizinische Perspektiven zur frühen Kindheit. Berlin, VWB

GOTTSCHALK-BATSCHKUS, C. E., SCHULER, J., IDING, D. (1997) (Hrsg.): Frauen und Gesundheit – Ethnomedizinische Perspektiven. Berlin, VWB

HAUG-SCHNABEL, G., SCHMID-STEINBRUNNER, B. (2002) Wie man Kinder von Anfang an stark macht. So können Sie Ihr Kind erfolgreich schützen – vor der Flucht in Angst, Gewalt und Sucht. Ratingen, Oberstebrink

KAST-ZAHN, A., MORGENROTH, H. (2002) Jedes Kind kann schlafen lernen (Erweiterte Neuausgabe). Ratingen, Oberstebrink

KELLER, H., LOHAUS, A. (2000) Was Dein Kind Dir sagen will. Niedernhausen/Ts., Falken

KIRKILIONIS, E. (1999) Ein Baby will getragen sein. München, Kösel

KLAUS, M. H., KLAUS, P. H. (2000) Das Wunder der ersten Lebenswochen. München, Kösel

LARGO, R. H. (2001) Babyjahre. Die frühkindliche Entwicklung aus biologischer Sicht. München, Piper

LIEBICH, D. (1999) Team Familie. Ratingen, Oberstebrink

LOTHROP, H. (2000) Das Stillbuch. München, Kösel

LUDINGTON-HOE, S. M., GOLAT, S. K. (1999) Liebe geht durch die Haut – Eltern helfen ihrem frühgeborenen Baby durch die Känguruh-Methode. München, Kösel

MCKAY, M., FANNING, P., PALEG, K. (1998) Wenn Eltern die Wut packt. Düsseldorf, Walter

RABENSCHLAG, U. (2001) So finden Kinder ihren Schlaf. Informationen und Hilfen für Eltern. Freiburg, Herder

SCHIEFENHÖVEL, W., SICH, D., GOTTSCHALK-BATSCHKUS, C. E. (1995) Hrsg.): Gebären – Ethnomedizinische Perspektiven und neue Wege. Berlin, VWB

SEARS, W., SEARS, M. (2001) The attachment parenting book. A commonsense guide to understanding and nurturing your baby. Boston, Little, Brown and Company

SINGERHOFF, L. (2000) Hallo, Baby. Ratingen, Oberstebrink

ZIMMER, K. (1997) Warum Babys und ihre Eltern alles richtig machen. München, Goldmann

Glossar

Baby-Blues: Heultage. Stimmungsstörung nach der Geburt, die sich in Weinen, Traurigkeit, dem Gefühl der Hilflosigkeit, Verwirrtheit, Sorge, Appetitlosigkeit, Schlaflosigkeit und anderen Symptomen zeigt. Etwas später und mit schwereren Symptomen tritt in 10 bis 15 Prozent der Fälle die Wochenbettdepression auf.

Chiropraktik: auf Handgrifftechniken beruhende Heilmethode zum Einrichten gegeneinander verschobener (verrenkter) Wirbelkörper.

Cortisol: Hormon der Nebennierenrinde, wird vermehrt in Belastungssituationen ausgeschüttet.

Doula: Entsprechend der altgriechischen Bedeutung „Dienerin der Frau„ bietet die Doula ihre Dienste der Schwangeren an – als Ergänzung zur Betreuung durch die Hebamme. Sowohl die Gebärende als auch ihr Partner sollen zusätzliche emotionale und physische Unterstützung erhalten.

Einschlaftore: Zeitpunkte, zu denen der Säugling am einfachsten von einer Wach- in eine Schlafphase wechseln kann und umgekehrt. Diese „Tore“ beruhen auf dem grundliegenden 50-Minuten-Zyklus von Ruhe und Aktivität unserer inneren Uhr. Wird ein Tor verpasst, ist das Kind „über den Punkt“ und findet bis zum nächsten „Tor“ nicht mehr in den Schlaf.

Exzessives Schreien: Übermäßiges Quengeln und Schreien in den ersten drei Lebensmonaten eines Säuglings. Nach der Wessel-Regel mehr als drei Stunden am Tag, an mehr als drei Tagen in der Woche und während mehr als drei Wochen.

Fruktose-Intoleranz: Fruchtzucker-Unverträglichkeit.

GÖR: gastro-ösophagealer Reflux, das Zurückfließen von Magensaft in die Speiseröhre.

Hyperaktivität: Übersteigerter Bewegungsdrang, häufig in Kombination mit einer Aufmerksamkeitsstörung; auch als Zappelphilipp-Syndrom bekannt.

Hypoallergen: ohne Allergie hervorrufende Substanzen.

Intuitives Elternverhalten: nicht durch Erfahrung oder Überlegung, sondern durch unmittelbares Erfassen des kindlichen Befindens gesteuertes Elternverhalten.

KISS: Kopfgelenk-induzierte-Symmetrie-Störung, Fehlstellung des Kopfgelenks im Nackenbereich, die sich auf die Wirbelsäule auswirkt.

Kolik: veralteter Begriff für das übermäßige Schreien des Babys in den ersten Monaten. Das Wort stammt vom griechischen „kolikos" und deutet auf eine Verdauungsstörung hin, die aber nur sehr selten Ursache des Schreiens ist.

Mischfüttern: Zufüttern von fester Nahrung oder Tiermilch neben der Muttermilch bei der Babyernährung.

Orale Stimulation: Anregung, Reizung des Mundbereichs.

Osteopathie: medizinische Behandlungsmethode, die sich manueller Techniken in Diagnostik und Therapie bedient und die wechselseitige Beziehung und Bedeutung des Bewegungssystems bei Krankheiten und Verletzungen betont.

Oxytozin: Hormon, das während der Geburt für die Wehen verantwortlich ist. Es wird daher bei Wehenschwäche verabreicht. Außerdem spielt es eine wichtige Rolle bei der Muttermilchsekretion.

Persistierendes Schreien: außergewöhnlich langanhaltendes Quengeln und Schreien nach dem vierten Lebensmonat.

Placebo: Scheinmedikament, einem Arzneimittel nachgebildetes Präparat, das jedoch keine Wirkstoffe enthält. Durch Anwendung von Placebos kann die subjektiv-psychische von der objektiv-pharmakologischen Wirkung eines Arzneimittels unterschieden werden.

Placebo-Effekt: ein Effekt, der trotz der Unwirksamkeit eines Präparats oder trotz der Durchführung einer nutzlosen Behandlung beobachtet werden kann, da bereits die Erwartung einer Heilung die Selbstheilungskräfte des Körpers aktivieren kann.

Prävention: vorbeugende Maßnahme, die schädigende Faktoren ausschalten soll.

Primaten: Ordnung der Säugetiere, die Affen und den Menschen umfassend.

Prophylaxe: Verhütung von Krankheiten, hier Verhütung von Schreien

Reaktivität: Empfindlichkeit und Stärke, mit der auf einen Umweltreiz reagiert wird.

Reflux, s. GÖR.

Rooming-in: Unterbringung des Neugeborenen auf der Wochenstation im gleichen Raum mit der Mutter.

Ruhe-Aktivitäts-Zyklus: Abfolge von Ruhe und Aktivitätsphasen über den Tag. Beim Erwachsenen erfolgt der Wechsel etwa alle 90 Minuten, beim Säugling alle 50 Minuten.

Schreigipfel: Höhepunkt der kindlichen Schreidauer in der dritten bis fünften Lebenswoche.

Selbstregulation: die Fähigkeit, die momentane Stimmung ohne Zutun von Außen regulieren zu können, etwa vom Schreien wieder zu einem ruhigeren Zustand zu wechseln.

Systemische Therapie: Sammelbezeichnung für verschiedene Ansätze der Psychotherapie, die psychische Störungen des Individuums aus gestörten Beziehungsprozessen in der Familie oder einer Gruppe zu erklären versuchen. Dabei wird die Familie oder Gruppe als ein soziales System, dessen Mitglieder in ihren Interaktionen in einem wechselseitigen Abhängigkeitsverhältnis stehen, verstanden.

Traditionale Gesellschaften: Völker, in denen sich ein wesentlich langsamerer technologischer und sozialer Wandel vollzogen hat als in den Ländern, in denen aufgrund wegbereitender Entwicklungen (wie Metallverarbeitung, Maschinenbau, Buchdruck, Elektronik) tiefgehende Änderungen in wenigen Generationen zu bemerken sind. In traditionalen Gesellschaften sind auch soziale Strukturen und Lebensweisen häufiger anzutreffen, die für die frühe Menschheitsphase typisch waren.

Tragling: Bezeichnung für ein Säugetierkind, das zur Beschützung und Pflege darauf angewiesen ist, von seinen Betreuungspersonen für eine bestimmte Zeitspanne nach seiner Geburt ständig herumgetragen zu werden. Auch der menschliche Säugling gehört zu diesem Jungentypus.

U: Abkürzung für Kinder-Früherkennungs-Untersuchung.

Vokalisieren: Töne von sich geben.

Die Oberstebrink

Die richtigen Eltern-Ratgeber für die wichtiger

Das Standardwerk für alle Eltern, die für sich und ihre Kinder ruhige Nächte haben wollen

Erweiterte und aktualisierte Neuausgabe:
Hardcover, 172 S.,
4-fbg. Fotos und Abb.
ISBN 3-934333-09-5

NEU: Das Hörbuch
CD: ISBN 3-934333-20-6
MC: ISBN 3-934333-21-4

Das Regelwerk für alle Eltern, die ihren Kindern klare Spielregeln für ein harmonisches Familienleben vermitteln wollen

Hardcover, 157 S.,
4-fbg. Fotos und Abb.
ISBN 3-9804493-1-9

Ideen, wie Eltern ihren Kindern normales Essverhalten schmackhaft machen können

Hardcover, 156 S.,
4-fbg. Fotos und Abb.
ISBN 3-9804493-9-4

Schutz-Erziehung von Anfang an
- *Zu Hause*
- *Im Kindergarten*
- *In der Schule*

Hardcover, 256 S.,
4-fbg. Fotos und Abb.
ISBN 3-934333-01-X

Was Sie als Eltern wissen müssen, damit das Sauberwerden klappt

Erweiterte und aktualisierte Neuausgabe:
Hardcover, 205 S.,
4-fbg. Fotos und Abb.
ISBN 3-934333-11-7

Die Pflichtlektüre für alle Eltern, die ihren Kindern helfen wollen, den Schulalltag zu meistern

Hardcover, 157 S., 4-fbg.
Fotos, Abb., Illustrationen
ISBN 3-9804493-2-7

OBERSTEBRINK

Eltern-Bibliothek

Jahre

Kinder mit Lese- und Rechtschreib-Schwäche: Erkennen, Vorbeugen, Behandeln

Hardcover, 189 S.,
4-fbg. Fotos, Abb.
und Illustrationen
ISBN: 3-934333-12-5

Die neuesten Erkenntnisse zur Erkennung und Behandlung von Kindern mit Aufmerksamkeits- und Konzentrations-Störungen

Hardcover, 317 S., 4-fbg.
Abb. und Illustrationen
ISBN 3-9804493-6-X

Notfälle bei Kindern: Wie Eltern schnell reagieren und richtig handeln können

Hardcover, 190 S.,
4-fbg. Fotos, Abb.
und Illustrationen
ISBN: 3-934333-05-2

Entscheidungs-Hilfen für den wichtigsten Entschluss im Leben einer Frau

Hardcover, 125 S.,
4-fbg. Fotos
ISBN 3-934333-03-6

Der Wegweiser für die ersten 12 Monate im Leben von Mutter und Kind

Hardcover, 250 S.,
4-fbg. Fotos
ISBN 3-934333-02-8

Spielregeln und Tipps für ein gutes Familien-Management

Hardcover, 252 S.,
4-fbg. Fotos
ISBN 3-9804493-8-6